BARBARA BERCKHAN

GENUG
geschuftet!

BARBARA BERCKHAN

GENUG geschuftet!

Wie Sie weniger tun und mehr erreichen

SCORPIO

INHALT

Drittes Kapitel

HERZLICH WILLKOMMEN!

Sicherlich haben Sie es gemerkt: Ein Denkmal bröckelt langsam. Es ist das Denkmal der Tüchtigkeit. Viel arbeiten, bis spät abends im Büro oder noch zu Hause am Schreibtisch sitzen – das war lange hoch angesehen. Nicht wenige Menschen glauben, dass Erfolg durch Fleißigsein entsteht. Wer sich krumm legt, der kommt voran, bringt es zu etwas. Heute zweifeln immer mehr von uns daran. Wir sind skeptischer geworden. Denn viele der Fleißigen zahlen einen hohen Preis. Hörsturz, Herzinfarkt, Burnout sind die Risiken und Nebenwirkungen der Arbeitswut. Geschäftlich erfolgreich – persönlich ausgebrannt. Irgendwann taucht die Frage auf: Muss das so sein? Müssen wir uns krumm legen, um voranzukommen? Und können wir nur dann viel erreichen, wenn wir uns aufopfern? Nein und noch mal nein.

Viel tun führt nicht automatisch zu viel Erfolg oder zu viel Einkommen. Im Gegenteil. Es gibt den Punkt, an dem immer mehr tun immer weniger bringt.

Das ist an einem Beispiel leicht zu erklären. Stellen Sie sich einen Mann vor, der keine allzu großen Erfahrungen mit dem Kochen hat. Da er aber Besuch bekommt, will er für seine Freunde eine Suppe kochen. Nicht irgendeine, sondern die beste Suppe. Sie soll von erstklassiger Qualität sein. Nachdem die Zutaten schon im Topf kochen, probiert er die Suppe. Etwas fade. Er gibt eine Prise Salz hinzu – ja, jetzt schmeckt sie schon besser. Unser Suppenkoch denkt sich: »Salz. Darauf kommt es an« und nimmt noch eine Prise. Wow! – die Suppe schmeckt noch besser. Jetzt glaubt er, das Geheimnis erfolgreicher Suppen entdeckt zu haben. Und da er die beste Suppe aller Zeiten servieren will, nimmt er das ganze Paket Salz und schüttet alles in die Suppe. Sie wurde ungenießbar.

Der Glaube »Viel bringt viel« ist schlicht falsch! Das Passende bringt es. Und wie das Salz in der Suppe ist das Passende eher wenig.

Wenn Leute viel tun, dann besteht die Gefahr, dass sie »die Suppe versalzen« und deshalb keinen Erfolg haben. Richtig tragisch wird es, wenn diese Vielbeschäftigten versuchen, mit noch mehr tun aus der Misere herauszukommen. Es gibt dazu einen schönen Satz von Stephen Covey, einem amerikanischen Selbstmanagement-Experten:

»Mehr Dinge schneller zu tun ist kein Ersatz dafür, das Richtige zu tun.«

> Wenn Sie in Ihrem Leben etwas erreichen wollen, dann hören Sie auf, sich immer mehr anzustrengen. Probieren Sie es stattdessen mit Mühelosigkeit. Mit dem Wenigen, das passt. Werfen Sie den Ballast, das Überflüssige ab und konzentrieren Sie sich auf den Knackpunkt, der Sie erfolgreich macht. Arbeiten Sie clever statt hart. So können Sie mit weniger Aufwand mehr erreichen. Wie das genau funktioniert, steht in diesem Buch.

CLEVER STATT HART

Hier finden Sie die praktischen Tipps, mit denen Sie aus dem Zu-viel-Tun aussteigen und in die Mühelosigkeit einsteigen können. Dafür müssen Sie nicht Ihr Leben umkrempeln oder Ihre Persönlichkeit auswechseln. Es sind die kleinen, aber genialen Veränderungen, die eine große Wirkung haben.

Bevor es losgeht, möchte ich mich bei meinen Seminarteilnehmern bedanken. Sie haben mir immer gezeigt, welche meiner Tipps brauchbar sind und welche ich getrost weglassen kann. Und meinen Seminarteilnehmern verdanke ich auch die Fallgeschichten und Beispiele, die ich hier zitiere.

Ich hoffe, Sie finden in diesem Buch viele Anregungen und brauchbare Rezepte, mit denen Sie Ihr Leben vereinfachen und erleichtern können. Wie immer bei solchen Ratgebern gilt: Probieren Sie, was Sie für sich nutzen können, und lassen Sie den Rest einfach weg. Hier gibt es kein Muss, nur Inspiration und Ermutigung. Machen Sie das Beste daraus. Dabei wünsche ich Ihnen viel Spaß.

Ihre
Barbara Berckhan

Erstes Kapitel

Die 1000 Dinge beruhigen: So bekommen Sie den Alltagskram in den Griff

In diesem Kapitel erfahren Sie

Warum Kleinkram keine Kleinigkeit ist

»———→

Wie Sie den Alltagskram bändigen

»———→

Wie Sie Leute, die Ihnen Zeit
und Kraft rauben, mühelos stoppen

»———→

Wie Sie aus dem Zu-viel-Tun
herauskommen

»———→

Warum ein gesunder Egoismus
so wichtig ist

VERSINKEN SIE NICHT IM KLEINKRAM

Mühelosigkeit ist die Schwester der Leichtigkeit. Wenn Sie müheloser leben wollen, dann erleichtern Sie sich Ihren Alltag. Befreien Sie sich vom Ballast. Von den Dingen, die Ihnen die Zeit und die Kraft rauben. Und dabei beginnen wir mit einer Last, die häufig übersehen wird, weil sie scheinbar so harmlos ist. Aber nur scheinbar. In Wirklichkeit handelt es sich um einen ungeheuren Zeitfresser: der alltägliche Kleinkram.

Wenn Sie das Gefühl haben, Sie kommen in Ihrem Leben nicht richtig voran, sind aber dennoch dauernd beschäftigt, dann haben Sie es mit Kleinkram zu tun. Lassen Sie sich nicht von dem Wort Kleinkram täuschen. Er ist nicht so winzig, wie das Wort klingen mag. Kleinkram ist keine Kleinigkeit. Wenn er überhandnimmt, sind wir blockiert. Oft höre ich, wie Leute zu mir sagen: »Ich würde auch gern mal ein Buch schreiben« oder: »Irgendwann will ich mich selbstständig machen und mein eigenes Geschäft aufbauen.« Aber was hindert diese Menschen daran, die Sache jetzt anzupacken?

Es ist der gewöhnliche Alltagskram, der die Leute behindert. Sie haben für die großen Sachen keine Zeit mehr, die Pläne werden auf Eis gelegt. Und da bleiben sie auch, wenn der Kleinkram sich weiterhin so breit machen kann.

Kleinkram ist keine Kleinigkeit. Er verhindert, dass Sie Ihre größeren Pläne verwirklichen.

Obwohl sich Millionen von Erwachsenen jeden Tag damit herumschlagen, ist der gewöhnliche Alltagskram bisher kaum erforscht worden. Ich habe keine einzige wissenschaftliche Untersuchung über Entstehung und Lebensweise des Kleinkrams gefunden. Mir blieb nichts anderes übrig, als ihn selbst zu untersuchen. Ich kann Ihnen hier die ersten Ergebnisse meiner Forschung präsentieren.

KLEINKRAM – WO KOMMT ER HER UND WIE LEBT ER?

Das Erste, was am gewöhnlichen Kleinkram auffällt, ist seine Harmlosigkeit. Jedes einzelne Stück ist für sich genommen ein Klacks. Kaum der Rede wert. Deshalb werden diese Kinkerlitzchen auch gern begleitet von den Worten »mal eben schnell«, »geht ganz fix«, »ist doch nur eine Kleinigkeit«. Daran können Sie den Kleinkram sofort erkennen.

Spätestens jetzt fällt einem auf, dass es »einen Kleinkram« nicht gibt. Eine Kleinigkeit kommt nie allein. Sie erscheint immer in Massen, wie eine Flutwelle: den neuen Spiegel im Bad anbringen, Geschenk für Tante Sophie kaufen, Auto durch den TÜV bringen, kaputte Glühbirne auf dem Dachboden austauschen, Faschingskostüm für den Sohn nähen, den Kleiderschrank aufräumen, neues Datenbankprogramm im Computer installieren. Und alles möglichst bis gestern.

Obwohl es nur Lappalien sind, ist es schwierig, sie zu ignorieren. Denn alle Nebensächlichkeiten finden in unserem Alltag einen Nistplatz, an dem sie sich breit machen können. Sie kleben als Haftnotiz an Pinnwänden und Kühlschranktüren. Oder sie nehmen die Form von Zu-erledigen-Listen an, die dann gern auf Schreibtischen vergraben werden. *Aber am liebsten belagert der Kleinkram unsere Köpfe.*

Dort frisst er sich in unsere Gehirnwindungen und erzeugt ein Gefühl von Belastung:
»Ich muss mich noch um so vieles kümmern. Ich weiß nicht, womit ich anfangen soll.« »Ich muss noch wahnsinnig viele Sachen erledigen, die ich nicht vergessen darf.«
Wenn Ihnen solche Gedanken kommen, sind Sie wahrscheinlich dabei, im Alltagskram zu versinken.

NISTPLÄTZE DES ALLTAGSKRAMS

Praxistipps

Damit Sie nicht in den Kleinigkeiten untergehen, ist es sinnvoll, die Lebensweise des Kleinkrams kennenzulernen. Nur so können Sie verhindern, dass er sich ständig vermehrt und Ihnen die Zeit stiehlt. Deshalb habe ich Ihnen hier die wichtigsten Eigenschaften des Kleinkrams übersichtlich aufgelistet.

Erkennungsmerkmale

⭐ Kleinkram sieht harmlos aus. Er tarnt sich als Bagatelle und hat das Image, man könne schnell mit ihm fertig werden. Er wird häufig von den Worten begleitet »Ich darf nicht vergessen ...« oder »Ich muss unbedingt daran denken ...«

Vorkommen

⭐ Kleinkram tritt immer im Rudel auf. Dabei schließen sich mehrere unterschiedliche Arbeiten zusammen und wollen möglichst sofort erledigt werden.

Verhalten im Alltag

⭐ Kleinkram wird gerne aufdringlich und neigt dazu, sich ständig in den Vordergrund zu spielen. Es gibt Kleinigkeiten, die es schaffen, sofort beachtet zu werden. Sie erzeugen zusätzlichen Druck mit den Worten »eilt!«, »schnell!«, »ganz dringend!«.

Nistplätze

⭐ Kleinkram fühlt sich überall wohl, aber prinzipiell ist er darauf aus, sich in den Köpfen der Menschen breit zu machen. Dort kann er dann rund um die Uhr drängeln. Zwischenstationen sind Papierstapel auf Schreibtischen, Ablagekörbe, Notizen neben dem Telefon sowie Zettel und Listen, die sichtbar aufgehängt werden.

Ursprung des Kleinkrams

⭐ Jede Verpflichtung, die wir eingehen, erzeugt im Laufe der Zeit kleine Aufgaben. Dinge, die zu erledigen sind. Oft erkennen wir am Anfang noch nicht das ganze Ausmaß des Kleinkrams, der damit verbunden ist. Die einfache Formel lautet: Viele Verpflichtungen – viel Kleinkram.

WERDEN SIE NICHT PERFEKT, SONDERN WESENTLICH

Ich bin bei meinen Expeditionen ins Reich der Lappalien darauf gestoßen, dass bestimmte Charaktereigenschaften den Kleinkram fördern. Beispielsweise wenn jemand leicht perfektionistisch veranlagt ist. Also jemand, der sehr penibel ist und alles ohne Fehl und Tadel erledigen will. Solche Eigenschaften sind normalerweise kein Problem. Aber wenn es um Kleinkram geht, dann ist Perfektionismus ein enormer Verstärker. Anders gesagt:

> *Wer zum Perfektionismus neigt, ist ein Magnet für Kleinigkeiten.*
> *Ja, der Perfektionist entdeckt die Kleinigkeiten erst.*

Er oder sie merkt, dass das Bild an der Wand ein wenig schief hängt. Das fällt sonst niemandem auf. Und wenn doch, dann können viele Nichtperfektionisten über diesen kleinen Schönheitsfehler hinwegsehen. Nicht so der Perfektionist. Das Unvollkommene springt ihm regelrecht ins Auge und er neigt dazu, sich daran festzubeißen. Also wird das Bild gerade gerückt. Und dabei stellt

unser Perfektionist fest, dass sich oben auf dem Bilderrahmen eine dünne Staubschicht gebildet hat. Und er denkt sich: Eigentlich kann man die auch gleich abwischen. Und wenn sich auf diesem Bilderrahmen Staub angesammelt hat, ist der Bilderrahmen dort drüben auch eingestaubt. Wenn man schon das Wischtuch in der Hand hat, kann man doch gleich alle Rahmen abwischen. Und beim näheren Hinsehen fällt auf, dass die Stehlampe auch staubig ist und so weiter. Eine Kleinigkeit führt zur nächsten und dann gleich weiter zur übernächsten. Die Stärke der Perfektionisten liegt im Detail, im sorgfältigen Bearbeiten jeder Einzelheit. Aber genau das kann zu einem Fluch werden, denn damit verlieren sich Perfektionisten in Nebensächlichkeiten. Wenn das passiert, gibt es nicht nur viel zu tun, das Tun findet auch kein Ende.

Um mit dem Kleinkram besser fertig zu werden, brauchen gerade Perfektionisten einen klaren Blick fürs Wesentliche. Sorgfalt und Genauigkeit gehören zum Wesentlichen. Es reicht, wenn wir das Unwichtige großzügig behandeln. Dazu gehört auch, dass wir einiges bewusst übersehen und anderes nur oberflächlich bearbeiten.

MIT DER ENTSCHLOSSENHEIT EINES DRACHENTÖTERS

Bleibt nur noch die Frage, ob wir dazu verdammt sind, für immer mit dem Kleinkram zu kämpfen. Oder gibt es ein Leben ohne lästige Banalitäten? Vermutlich nicht. Aber in meiner wissenschaftlichen Erforschung des Kleinkrams bin ich auf eine interessante Entdeckung gestoßen. Kleinkram lässt sich zwar nicht abschaffen, aber er lässt sich bändigen.
Wir können die Nebensächlichkeiten dressieren und in den Griff bekommen.

Sie brauchen dafür eine gewisse Tapferkeit. Die Entschlossenheit eines Drachentöters wäre nicht schlecht, denn der gewöhnliche Alltagskram ist zudringlich. Er quengelt und will ständig Ihre Aufmerksamkeit. Manchmal säuselt er auch mit verführerischer Stimme: »Wenn du mich erledigt hast, wird dein Leben schön.«
Glauben Sie das nicht. Kleinkram wächst nach. Wenn Sie einen Berg hinter sich gebracht haben, stehen Sie vor dem nächsten.
Besser ist es, Sie entwickeln einen klaren Adlerblick. Schauen Sie genauer hin und fragen Sie sich: Wo kommen diese Aufgaben und Arbeiten eigentlich her?

Wieso landet das alles bei mir?

Wenn Sie darauf eine Antwort wissen, sind Sie einen gewaltigen Schritt weitergekommen. Jetzt können Sie sich daran machen, Ihren Kleinkram zu bändigen.

Aufgrund meiner Untersuchungen kann ich Ihnen die wirksamsten Bändigungsmethoden präsentieren. Sie finden sie kompakt gebündelt und übersichtlich auf der nächsten Doppelseite. Damit bekommen Sie den gewöhnlichen Alltagskram in den Griff.

DER ULTIMATIVE KLEINKRAM-BÄNDIGUNGS-TIPP

Möchten Sie den entscheidenden Tipp hören, wie Sie Ihren Kleinkram noch müheloser bändigen können?

Ändern Sie die Reihenfolge Ihrer Aufgaben. Der Kleinkram gehört an den Schluss, nie an den Anfang.

Wenn Sie immer erst den Kleinkram wegschaffen, um anschließend die wichtigen Dinge anzupacken, bleiben Ihre Wichtigkeiten sehr oft auf der Strecke. Ein Beispiel: Die Fenster müssen geputzt werden und Sie wollen für eine Prüfung lernen. Die falsche Reihenfolge wäre, erst die Fenster zu putzen, anschließend für die Prüfung zu lernen. Damit geben Sie dem Kleinkram (Fenster putzen) viel zu viel von Ihrer besten Energie und Ihrer Zeit. Und die Sache, durch die Sie wirklich vorankommen (die Prüfung), erhält nur Ihre übrig gebliebene Energie. Umgekehrt ist es leichter: Zuerst das, was für Ihr Leben entscheidend ist, dann die Nebensächlichkeiten.

Seit ich Bücher schreibe, habe ich mir angewöhnt, den Tag mit Schreiben zu beginnen. Erst zwei bis drei Stunden am Manuskript arbeiten, anschließend kommt das, was sonst noch auf mich wartet. Egal, wie viele Kleinigkeiten später auf mich einstürmen, das Wichtige habe ich bereits erledigt. Früher, bevor ich nach dieser simplen Reihenfolge gearbeitet habe, konnten mich Kleinigkeiten tagelang belagern. Ich dachte, dass ich erst »reinen Tisch« machen müsste, um damit Platz fürs Schreiben zu schaffen. Und so habe ich mich gleich morgens um die kaputte Waschmaschine gekümmert, die Post gelesen und beantwortet, eine Honorarrechnung geschrieben usw. Am späten Nachmittag hatte ich alles erledigt und wollte endlich mit dem Schreiben anfangen. Ich war ein wenig matt und brauchte zuerst einen Tee. Und als ich dann so gegen 18 Uhr wirklich losschreiben wollte, fielen mir nur zwei Sätze ein. Meine Kreativität und Energie waren für diesen Tag bereits verbraucht. Hätte ich so weitergemacht, wäre das erste Buch nach etwa zehn Jahren fertig geworden. Zum Glück habe ich entdeckt, dass sich kaputte Waschmaschinen und andere Routinearbeiten mit wenig Energie erledigen lassen. Sie brauchen nicht unser Bestes.

Das Wichtige im Leben braucht unsere beste Tageszeit und unsere volle Energie. Der Kleinkram gehört an den Rand.

SO BÄNDIGEN SIE DEN KLEINKRAM

1
Bürden Sie sich nicht zu viel auf

Wer auf vielen Hochzeiten tanzt, hat auch viel zu erledigen. Trennen Sie das Wichtige vom Unwichtigen. Überprüfen Sie alle Verpflichtungen, die Sie eingegangen sind, ob Sie weiterhin dazu bereit sind. Wenn nein, dann weg damit. Und bei jeder neuen Verpflichtung, die Sie eingehen, denken Sie daran, dass Sie sich damit einen Sack voller Kleinigkeiten einhandeln.

2
Kleinkram mit links erledigen

Die meisten Kleinigkeiten können mit wenig Energie erledigt werden. Also machen Sie sie nicht zu Ihrem Lebenswerk. Es reicht, wenn Sie die Sache hoppla-hopp hinbekommen. Sparen Sie sich Ihre Gründlichkeit für die wichtigen Dinge des Lebens. Alles Unwichtige wird mit dem kleinen Finger erledigt.

3
Aussortieren und wegwerfen

Wer viel Zeug hat, ist arm dran. Verstopfte Schubladen und Regale, vollgestellte Küchenschränke, zugemüllter Keller oder Dachboden – zuerst geht die Übersicht verloren, dann wächst die Zeit zum Suchen. Wenn sich das Bedeutungslose in den Ecken Ihres Alltags festsetzt, hilft nur eins: wegwerfen! Alles, was Sie zwölf Monate lang nicht in der Hand hatten, ist ein Kandidat für die Mülltonne (Altpapiersammlung, Kleidersammlung etc.).

4

Arbeiten bündeln

Ersparen Sie sich Laufereien und fassen Sie ähnliche Aufgaben zu einem Paket zusammen. Briefmarken kaufen, Päckchen zur Post bringen, Girokonto bei der Bank eröffnen, Nachschlüssel für den Briefkasten machen lassen – das lässt sich alles in einem Rutsch erledigen. Einmal planen, alles Nötige bereitlegen und zusammen abhaken.

5

Nur Pflegeleichtes anschaffen

Achten Sie bei Neuanschaffungen darauf, dass Sie sich damit keinen neuen Kleinkram einhandeln. So manches wunderschöne Stück oder Supersonderangebot entpuppt sich zu Hause als Belastung. Zum Beispiel Kleidungsstücke, die nur gereinigt werden können. Oder Möbel, die noch mehr Pflege brauchen als ein Haustier. Vermeiden Sie Zierrat und anderen Klimbim, der Sie ständig daran erinnert, dass es Staub gibt.

6

Das Wichtigste zuerst

Das Wichtigste gehört an den Anfang, nicht an den Schluss. Wenn Sie mit dem Kleinkram starten, frisst er schnell so viel von Ihrer Zeit auf, dass für das wirklich Bedeutsame kein Platz mehr bleibt. Setzen Sie Prioritäten und halten Sie sich daran.

Nur wenn wir andere Dinge LOSLASSEN, finden wir Die Freiheit, uns mit WESENTLICHEN Dingen zu befassen.

Stephen Covey

ENERGIERÄUBER LOSWERDEN

Praxistipps

Was Ihnen den Alltag noch mehr vermiesen kann als Kleinkram? Das sind die Energieräuber. Menschen und bestimmte Situationen, die Sie den letzten Nerv kosten. Hier die Hitliste der häufigsten Energieräuber anhand von Beispielen meiner Seminarteilnehmer:

~~~✦~~~

Die Gerüchteküche

⭐ »Wo ich arbeite, wird getratscht, was das Zeug hält. Wer mit wem eine Affäre hat, wer sich beim Chef einschmeichelt, wer wen nicht leiden kann – alles wird über den Flurfunk verbreitet. Natürlich ist vieles davon nicht wahr oder einfach nur maßlos übertrieben. Aber diese Gerüchte haben eine ziemlich große Macht. Und sie ziehen Zeit und Energie ohne Ende.«

Das Meeting mit Angebern

⭐ »Wirklich viel Kraft kosten mich die Meetings. Da haben unsere Angeber und Wichtigtuer ihren großen Auftritt. Das nervt unheimlich, weil die eigentlichen Sachfragen zu kurz kommen. 90 Prozent Show und nur 10 Prozent konkrete Ergebnisse. In der Zeit, die das Meeting dauert, könnte ich wirklich etwas Besseres erledigen.«

Eilt!

⭐ »Ich arbeite sehr strukturiert und nach einem Zeitplan, den ich auch normalerweise gut einhalten kann. Was mich allerdings total ärgert, sind die Sachen, die mir in letzter Minute als eilig auf den Tisch geworfen werden. Ich pack gern zu, wenn es mal brennt. Aber diese Arbeiten mit dem Vermerk ›sofort erledigen‹ lagen meist schon tagelang bei jemand anderem auf dem Schreibtisch. Der hat das verbummelt und ich muss nun meine Arbeit liegen lassen, um den Karren aus dem Dreck zu ziehen. Am allermeisten regt mich auf, wenn das Wort ›eilig‹ überhaupt nicht stimmt. Wenn jemand einfach nur Druck machen will. Diese Dringlichkeitsmasche nervt mich wahnsinnig.«

Der Kummerkasten

⭐ »Ein echter Energieräuber sind Problemanrufe. Meine Schwiegermutter klagt mir jeden zweiten Abend ihr Leid am Telefon. Sie redet fast nur über ihre Schmerzen und darüber, dass sich niemand um sie kümmert. Meine Freundin, die gerade ihre Scheidung durchmacht, ruft mich gern an, wenn es ihr schlecht geht. Manchmal komme ich mir vor wie ein Müllabladeplatz. Bei mir kippen andere ihren Seelenmüll aus.«

ENERGIERÄUBER STOPPEN

Um Energieräuber zu stoppen brauchen Sie Entschlossenheit. Denn häufig sind es vertraute Menschen, die uns quälen. Und es ist nicht leicht, etwas zu beenden, was Sie vielleicht schon länger einfach hingenommen haben. Die Beteiligten gehen ganz selbstverständlich davon aus, dass das immer so weitergeht. Um das jetzt zu beenden, brauchen Sie eine selbstsichere innere Haltung. Sie brechen mit der Gewohnheit, und das wird Ihre Mitmenschen zunächst irritieren. Aber Sie müssen sich nicht unbedingt mit den anderen streiten. Oft reicht es, wenn Sie in einem ruhigen Gespräch kurz erklären, was Sie verändern möchten.

1. Eine klare Entscheidung treffen

Bevor Sie das Gespräch führen, kommen Sie mit sich ins Reine. Entscheiden Sie, was Sie beenden oder verändern wollen.

2. Drucken Sie Ihren Wunsch deutlich aus

Sie teilen Ihrem Gegenüber mit, was Sie nicht mehr wollen, worauf Sie sich nicht mehr einlassen. Es ist für den anderen leichter, wenn Sie Ihren Wunsch als Bitte formulieren. Begründen Sie Ihren Wunsch, aber nur kurz. Keine langen Rechtfertigungen. Wenn Ihre Bitte nicht ernst genommen wird, dann wiederholen Sie sie, dieses Mal noch nachdrücklicher. Aber vermeiden Sie dabei Vorwürfe und Du-bist-schuld-Sätze. Das würde nur zu einem Streit führen, der Sie wiederum Kraft und Zeit kostet.

3. Dem Energieräuber keine Energie mehr geben

Nachdem Sie das Gespräch geführt haben, bleiben Sie konsequent. Praktisch heißt das, immer wenn der Energieräuber versucht, Sie wieder anzuzapfen, sagen Sie Nein. Sie grenzen sich ab, klappen die Ohren zu oder gehen weg. Sie entziehen dem, was Sie nicht wollen, Ihre Aufmerksamkeit.

RAUS AUS DER ÜBERLASTUNG

Wer wirklich tüchtig ist, hat in dieser Welt ein interessantes Problem. Die Tüchtigen haben verdammt viel zu tun. Sie sind irgendwie immer beschäftigt, und das ist ein wenig seltsam. Eigentlich müssten die Tüchtigen doch diejenigen sein, die viel freie Zeit haben, eben weil sie so fleißig sind und die Arbeiten schnell erledigen. Aber die Wirklichkeit sieht anders aus. Für alle, die gut zupacken können, sind unerledigte Arbeiten wie ein nachwachsender Rohstoff. Kaum ist etwas fertig, schwupp, schon sind zwei neue Aufgaben da. Natürlich haben alle Tüchtigen die Hoffnung, dass sie irgendwann ein schönes, bequemes Leben haben – wenn alles erledigt ist. Aber ihre To-do-Liste wird nie ganz leer.

Schauen wir den Tatsachen nüchtern ins Gesicht: Erst alles erledigen und sich dann ein schönes Leben machen – das funktioniert nicht. Das liegt daran, dass Ihre To-do-Liste niemals völlig abgearbeitet sein wird. Wenn Sie ein schönes Leben haben wollen, bleibt Ihnen nur eines: Machen Sie sich Ihr Leben schön, während Sie noch etwas zu erledigen haben.

ERST DIE ARBEIT UND WAS KOMMT DANN?

Ich weiß, für viele tüchtige Menschen ist das ein ungewöhnlicher Gedanke. Schließlich sind sie mit einer anderen Reihenfolge groß geworden: erst die Arbeit und dann das Vergnügen. Solche Erziehungsbotschaften sitzen tief in unserer Seele. Sie lassen sich nicht so leicht abschütteln. Es sei denn, man gerät in eine Krise, wie beispielsweise bei einer lebensbedrohlichen Krankheit. In solchen Situationen ändern Menschen häufig ihre grundsätzlichsten Einstellungen. Ich denke da an die Männer und Frauen, die nach einem Burnout oder einem Herzinfarkt ihr bisheriges Leben kritisch unter die Lupe nehmen.

»——→ Viele stellen fest, dass sie sich für die Firma, für die Karriere, für die Familie aufgeopfert haben.
Sie haben alles getan, um andere zufriedenzustellen, und wollten irgendwann später kürzer treten – nach der nächsten Karrierestufe, nach dem nächsten Einkommenssprung.

Wer überlastet ist, sieht auf jeder Arbeit die Worte:
»Dafür bist du zuständig.«

»Nur noch das schaffen und dann wird alles leichter«, war ihr Plan. Der Herzinfarkt hat ihnen einen Schock versetzt. Ihnen ist ihre eigene Sterblichkeit ins Gesicht gesprungen. Und jetzt stellen manche traurig fest, dass ihre Prioritäten falsch waren. Ein 52-jähriger Mann, der einen Herzinfarkt hinter sich hatte, sagte mal zu mir: »Es ist bitter, wenn man feststellt, dass man sich getäuscht hat. Erst die Arbeit, dann das Vergnügen – das ist Betrug. Vergnügen lässt sich nicht aufsparen.« Zu Lebzeiten wirklich zu leben, ist eine gute Idee.

Haben Sie je darüber nachgedacht, wie die Arbeit zu Ihnen findet? Wie kommt es, dass Sie so viel zu tun haben?

Nach meinen Erfahrungen als Kommunikationstrainerin und Coach fällt es den meisten Menschen schwer, sich selbst in die Karten zu schauen. Aber bei anderen Leuten merken wir schnell, wie der Hase läuft. Deshalb kann das Beispiel von anderen ein nützlicher Spiegel sein. Wenn uns auffällt, was bei denen schief läuft, können wir uns an die eigene Nase fassen. So ein Beispiel zum An-die-eigene-Nase-Fassen kommt jetzt. Es ist das Beispiel von Anne. Sie ist verheiratet, hat einen Sohn und arbeitet mit ihrem Mann in der gemeinsamen Werbeagentur. Und Anne ist tüchtig. Ich habe sie deshalb ausgesucht, weil Anne gern von sich sagt: »Ich bin Mutter und arbeite halbe Tage.« Das klingt doch lässig. Ganz so, als hätte Anne ein beschauliches Leben. Aber hinter »Mutter und halbe Tage arbeiten« verbirgt sich jemand, der völlig überlastet ist.

WER ES ZUERST SIEHT, IST DRAN

Achten Sie bitte einmal darauf, wie Annes Überlastung jeden Tag aufs Neue entsteht.

»⟶ Anne leitet zusammen mit ihrem Mann seit drei Jahren eine kleine, aber durchaus erfolgreiche Werbeagentur. Beide haben einen fünfjährigen Sohn, der in den Kindergarten geht. Bis zum frühen Nachmittag arbeitet Anne in der Agentur. Danach ist sie für ihren Sohn und den Haushalt zuständig.

Anne arbeitet mit einer großen Selbstverständlichkeit. Sie sieht sofort, was erledigt werden muss, und legt los. Sie versucht jeden Tag, so viel wie möglich unter einen Hut zu bringen.

Zum Beispiel hat heute in der Agentur niemand Zeit, einen Auftrag zur Druckerei zu bringen. Bevor die Sache lange liegen bleibt, übernimmt Anne das. Sie fährt bei der Druckerei vorbei, wenn sie ihren Sohn vom Kindergarten abholt. Im Kindergarten wird gerade das Sommerfest vorbereitet und die Eltern sollen sich daran beteiligen. Eine Erzieherin bittet Anne, ob sie nicht wieder den leckeren Kirschkuchen vom letzten Jahr backen könnte. Anne lässt sich breitschlagen. Sie überlegt, wann sie den Kuchen backen könnte. Eigentlich hat sie keine Zeit dafür. Wenn überhaupt, dann nur spät abends, wenn der Kleine schon schläft.

Die Hausarbeit funktioniert nach dem Prinzip »Wer es zuerst sieht, ist dran«. Anne sieht, dass zwei Knöpfe an der Jacke ihres Sohnes fehlen. Sie sieht die ungebügelten Hemden, den Berg schmutziger Wäsche, und sie merkt, dass die Milch nicht mehr lange reicht. Sie sieht, dass ihr Sohn einen Termin beim Kinderarzt hat und dass das Auto mal wieder durch die Waschanlage muss. Und sie ist dran. Immer. Ihr Mann sieht nicht viel vom Haushalt. Er geht frühmorgens und kommt spätabends wieder. Manchmal fährt er auch noch am Samstag in die Werbeagentur. Das Geschäft läuft. Er hat ein paar große Aufträge an Land gezogen, die ihn allerdings vollkommen in Anspruch nehmen.

Zwei Sätze, die ein Überlasteter nie sagen würde:

> »Kann das nicht ein anderer erledigen?«
>
> »Ich brauche Hilfe.«

WARNZEICHEN DES KÖRPERS ÜBERHÖREN

Seit einiger Zeit hat Anne manchmal ein Pfeifen im Ohr. Tinnitus, nannte das der Arzt. Und er fragte Anne, ob sie unter Stress stehen würde. »Wer hat heutzutage keinen Stress?«, antwortete sie ihm. Nein, im Moment könne sie nicht kürzer treten – da wäre noch so viel zu tun. Etwas anderes beunruhigt Anne wirklich. Sie und ihr Mann wollen ein Haus bauen. Die Wohnung ist schon lange zu klein. Der Sohn soll ein großes Kinderzimmer bekommen und ihr Mann braucht ein Büro zu Hause. Mit Sorge sieht Anne der Bauzeit entgegen: »Wer wird auf der Baustelle nach dem Rechten sehen? Das bleibt an mir hängen. Mein Mann hat in der Agentur genug zu tun. Und einer von uns muss auf der Baustelle sein, sonst ist die Gefahr zu groß, dass was schief läuft. Also werde ich das auch noch übernehmen. Keine Ahnung, wie ich das alles schaffen soll. Ich sage immer zu mir, Augen zu und durch. Etwas anderes bleibt mir nicht übrig. Irgendwann ist das vorbei. Dann wohnen wir in einem schönen Haus und ich komme endlich mal zur Ruhe.«

Glauben Sie tatsächlich, dass Anne eine ruhige Kugel schieben wird, wenn das Haus erst steht? Viel wahrscheinlicher ist, dass Anne auch weiterhin mehr als genug zu tun bekommt. Wenn das Haus fertig ist, wird die Terrasse gepflastert und der Garten angelegt. Dann kommt der Sohn in die Schule, die Werbeagentur vergrößert sich und Anne wird dort noch mehr gebraucht. Also wann sollen die ruhigen Zeiten kommen? Solange Anne so weitermacht wie bisher, wird sie auch weiterhin überlastet sein.

Prüfen Sie sich selbst: Neigen Sie dazu, jede Aufgabe, die daherkommt, folgsam anzunehmen?

25

GESUNDER EGOISMUS

Diese Mischung aus Kind und Job ist für Millionen Frauen der ganz gewöhnliche Alltag. Aber Überlastetsein ist nicht nur Frauensache. Ich hätte den Alltag auch aus der Sicht von Annes Mann erzählen können. Auch er steckt bis zum Hals in der Arbeit. Seine Aufgaben sind nur etwas einseitiger. Kein Kuchenbacken, kein Termin beim Kinderarzt. Dafür aber bis spätabends mit Kunden verhandeln, am Wochenende schnell die Finanzen durchrechnen, neue Aufträge an Land ziehen, den ganzen Tag das Geschäft im Kopf.

Wieso haben die Tüchtigen immer so viel zu tun und wo kommt die Überlastung her? Sie haben das sicherlich durchschaut. Anne übernimmt eine Verpflichtung nach der anderen. Und dabei *glaubt* sie, keine Wahl zu haben. Vielleicht ist es Ihnen aufgefallen, dass dabei nicht viel geredet wird. Die anstehenden Aufgaben werden einfach erledigt. Keine Verhandlungen, keine Diskussionen.
Wer aus der Überlastung aussteigen will, kommt nicht daran vorbei, diese Reibungslosigkeit aufzukündigen. Wieder

> *Überlastung hat etwas mit dem automatischen Funktionieren zu tun. Daher kommt auch der Lieblingssatz aller Überlasteten: »Bevor ich lange herumrede, habe ich das schon drei Mal selbst erledigt.« Da wird nichts gesagt, sondern zugepackt. Immer wieder. Das hat zur Folge, dass Kollegen, Vorgesetzte, Familienmitglieder diese andauernde Überlastung nicht richtig mitbekommen. Wie denn auch? Die Arbeit wird gemacht und es scheint alles reibungslos zu laufen.*

mehr reden, Verhandlungen führen, statt automatisch alles selbst zu übernehmen. Das geht leichter, wenn wir neu darüber nachdenken, was *wirklich* wichtig ist in unserem Leben.

Gehört die Arbeit an die erste Stelle oder gibt es etwas Wichtigeres?

IHRE EIGENEN BEDÜRFNISSE ERNST NEHMEN

Vielleicht ist Ihnen bei Anne aufgefallen, dass sie in einem Bereich überhaupt nicht tüchtig ist. Eine Aufgabe übersieht sie glatt. Auf ihrer Zu-erledigen-Liste steht niemals »ich«. Die Bedürfnisse der anderen haben Vorrang, ihre eigenen müssen sich ganz hinten anstellen. Sie sagt zu fast jeder Arbeit Ja, aber zu sich selbst sagt sie Nein. Den Überlasteten fehlt nicht ein raffiniertes Zeitmanagement oder eine effizientere Arbeitstechnik. Ihnen fehlt etwas sehr Einfaches: Egoismus.

Egoistisch sein heißt, gut für sich selbst zu sorgen.

Egoismus ist nicht pfui, sondern notwendig. Wenn ein Vielbeschäftigter erst einmal erkennt, dass er sein Auto mehr pflegt als sich selbst, ist das ein Schritt in die richtige Richtung.

Wer ständig viel zu tun hat, hat die Arbeit in den Mittelpunkt gestellt. Aber damit vernachlässigt er die Quelle aller Leistungen. Wir selbst sind der Ursprung, von dem alle Aktivitäten ausgehen. Wenn wir krank werden, geht nichts mehr. Unser Geist und unser Körper sind wie ein Nährboden, aus dem unsere Leistungen entstehen. Jeder Landwirt weiß, dass er für eine gute Ernte auch einen guten Boden braucht. Im ausgetrockneten Sand wächst wenig. Wenn wir uns selbst nicht regelmäßig »düngen« und »bewässern«, gibt es bald eine miserable Ernte.

Unsere eigenen Bedürfnisse gehören auf die Zu-erledigen-Liste. Und zwar auf Platz eins. Auf den Plätzen zwei bis fünfzig ist genug Raum für alles andere. Wenn Sie auch zu den Überlasteten gehören, fällt es Ihnen wahrscheinlich schwer, Aufgaben und Arbeiten anderen zu überlassen, beispielsweise, indem Sie einfach Nein sagen oder jemanden dafür bezahlen, dass die Arbeit erledigt wird, wie Putzhilfen, Kurierfahrer etc. Sie selbst bekommen zu wenig »Dünger«, zu wenig »Nährstoffe«. Kurzfristig können Sie das durchhalten. Aber auf lange Sicht wird sich Ihr ständiges Zu-kurz-Kommen bemerkbar machen. Ihre Leistungsfähigkeit wird sinken. Das Risiko, krank zu werden, steigt.

Deshalb ändern Sie die Reihenfolge, in der Sie die Dinge erledigen. Machen Sie ICH ZUERST zu Ihrem Arbeitsmotto.

Fragen Sie sich jeden Tag: »Was kann ich für mich tun?« Und dann setzen Sie diese Antwort auf die Zu-erledigen-Liste, ganz nach oben.

SETZEN SIE SICH SELBST AN DIE ERSTE STELLE

1
Delegieren Sie

Sie haben den Überblick und sehen, was zu tun ist? Dann sind Sie die geborene Führungskraft. Benehmen Sie sich auch so. Lenken Sie die Sache und verteilen Sie das, was zu tun ist: »Folgende Arbeiten stehen an: Erstens ... Zweitens ... Wer übernimmt das?« Oder Sie sprechen einzelne Leute direkt an: »Ich bin völlig ausgelastet. Kannst du bitte Folgendes erledigen ...«

2
Sitzen bleiben und aushalten können

Niemand will das tun? Wer immer die verantwortliche Rolle übernimmt, hat in Windeseile lauter Leute um sich herum, die keine Verantwortung mehr übernehmen. Trainieren Sie sich ein extradickes Fell an. Lernen Sie es auszuhalten, dass Arbeiten liegen bleiben und Dinge den Bach runtergehen. Und Sie springen nicht auf, um den Karren aus dem Dreck zu ziehen. Eine Radikalkur, die sehr wirksam ist.

3
Für jede Verpflichtung, die Sie eingehen, wählen Sie eine andere ab

Mindestens eine. Bei großen Aufgaben auch gern zwei bis drei Verpflichtungen abgeben. Wenn Sie z.B. Mutter oder Vater werden, ein Haus bauen, eine Firma gründen oder das Megaprojekt abwickeln – dann ist es Zeit, gründlich auszusortieren und alles abzulehnen, was nicht 100-prozentig wichtig ist.

4

»Bevor ich lange rede, hab ich das doch schon drei Mal erledigt«

Diesen Satz streichen Sie bitte ganz. Sagen Sie den anderen, was zu tun ist. Sagen Sie es auch ein zweites und ein drittes Mal, für die ganz Begriffsstutzigen. Und dann kein langes Diskutieren, keine neuen Argumente.
Klare Grenzen ziehen und stur bleiben: »Nein, dafür bin ich nicht zuständig.«

5

Lassen Sie unliebsame Arbeiten von anderen erledigen

Kaufen Sie sich die nötigen Dienstleistungen. Holen Sie sich Putzhilfen, Gärtner, den Partyservice, Wäschereien mit Lieferbetrieb usw. Ja, ich weiß, das kostet Geld. Aber wenn Sie schon rechnen, vergessen Sie nicht, dass Sie selbst das Wertvollste in Ihrem Leben sind.

6

Kein Jammern, dass Sie so überlastet sind

Wer jammert, ist kurz davor, doch noch Ja zu sagen. Einfach klipp und klar beim Nein bleiben. Keine umständlichen Rechtfertigungen. Betteln Sie nicht um Verständnis. Andere Leute haben ihre eigenen Interessen im Auge. Das ist ihr gutes Recht. Und wer kümmert sich um Ihre Interessen? Na klar, das können nur Sie. Also: Wie hätten Sie es gern?

NEINSAGEN LEICHT GEMACHT

Praxistipps

Unsere eigenen Bedürfnisse gehören auf die Zu-erledigen-Liste. Und zwar auf Platz eins. Vielen Überlasteten fällt es anfangs schwer, ablehnend zu sein, Energieräuber abzuwehren oder Aufgaben und Arbeiten anderen zu überlassen. Sie haben wenig Übung darin, Nein zu sagen. Sie drucksen herum, bringen ihr Nein nur indirekt heraus und werden nicht so richtig verstanden. Neinsagen kommt ihnen wie eine Fremdsprache vor, mit ganz neuen Vokabeln. Aber Vokabeln kann man lernen, und dabei helfe ich gerne. Lassen Sie sich von den folgenden Vorschlägen inspirieren.

MIT ANDEREN WORTEN: NEIN!

»——→ »Tja, wenn das niemand erledigen will, dann bleibt es wohl liegen. Schade, aber da kann man nichts machen.«

»——→ »Tut mir leid, das übernehme ich nicht.«

»——→ »Ich bin schon komplett ausgebucht. Ich habe keinen freien Platz mehr im Kalender.«

»——→ »Dafür steh ich nicht zur Verfügung.«

»——→ »Nett, dass Sie mich fragen. Und schade, dass ich Ihnen absagen muss. Das geht nicht.«

»——→ »Klar kann ich das schneller und besser als du. Aber wenn du das häufiger tust, lernst du es auch. Du kannst gleich schon mal mit dem Üben anfangen.«

ENERGIEKLAU STOPPEN

Raus aus der Gerüchteküche

⭐ Weghören. Pfeifen Sie »Alle meine Entchen« vor sich hin. Selbst Ihr schlechtestes Pfeifen klingt immer noch besser als die Tratsch- und Klatschgeschichten.

Wichtigtuer und Angeber

⭐ Wenn in Sitzungen oder Meetings viel gelabert wird, ist es sinnvoll, die Redezeit pro Beitrag auf zwei oder drei

Minuten zu begrenzen. Und die Ergebnisse sofort sichtbar zu notieren. Das zwingt alle dazu, bei der Sache zu bleiben. Ansonsten gilt: Nicht ärgern, sondern sich einfach nicht drum kümmern. Keine Aufmerksamkeit – das ist sowieso die härteste Strafe für alle, die nach Beachtung schreien.

Antreiber und Hektiker

⭐ Lassen Sie sich nicht in die Hektik verwickeln und legen Sie sich ein dickes Fell zu. Guter Satz zum Ruhe bewahren: »Das ist ganz eilig? Dann haben Sie ein interessantes Problem. Ich bin sicher, Sie werden Ihr Problem lösen«, und dann ruhig weiterarbeiten.

Endlose Problem- und Elendsgeschichten

⭐ Zuhörzeiten festlegen. »Nein, das passt mir jetzt nicht. Ruf mich morgen wieder an.« Oder: »Ich kann dir nur zehn Minuten lang zuhören.« Und auch mal was von den eigenen Problemen erzählen, statt immer nur für andere stark sein.

Es ist möglich, dass Sie mit Ihrer Abgrenzung nicht nur auf freudige Gesichter und verständnisvolles Kopfnicken stoßen. Einige Ihrer Mitmenschen könnten am

Anfang enttäuscht reagieren. Schließlich waren Sie jahrelang jemand, der sich selbstverständlich um alles gekümmert hat und die anfallenden Arbeiten einfach erledigte. Alle haben sich im Laufe der Zeit daran gewöhnt. Und nun stellen Sie sich manchmal quer. Neuerdings muss man mit Ihnen öfter verhandeln. Die Pläne Ihrer Mitmenschen werden ein wenig durcheinandergebracht. Einigen Leuten wird das nicht gefallen, also stellen Sie sich auf Murren und Knurren ein.
Aber letztlich ist alles nur eine Sache der Gewohnheit. Bleiben Sie optimistisch und gehen Sie davon aus, dass sich Ihre Mitmenschen an etwas Neues gewöhnen können. Für Sie selbst ist es einfacher, wenn Sie das Ganze als eine Art Trainingsprogramm begreifen. Sie trainieren das Sitzenbleiben und Aushaltenkönnen.

Zweites Kapitel

Weniger tun, mehr erreichen: Arbeiten Sie clever statt hart

In diesem Kapitel steht

Wodurch Sie Anstrengung abschaffen und
müheloser arbeiten können
»——→

Warum Ihnen der entscheidende Knackpunkt
viel Zeit und Mühe ersparen kann
»——→

Wie Sie sich unangenehme Arbeiten
erleichtern
»——→

Wie Sie Arbeitsberge gelassen
hinter sich bringen
»——→

Woher Sie Ihre gute Laune
bekommen

GEBEN SIE SICH KEINE MÜHE

Alle cleveren Erfindungen liefen darauf hinaus, Anstrengung zu verringern. Ob nun die Dampfmaschine, der Computer oder der elektrische Küchenherd – immer ging es darum, mit weniger Kraftaufwand noch bessere Ergebnisse zu erzielen. Die Geschichte des menschlichen Fortschritts ist eine Geschichte, in der Mühe Stück für Stück abgeschafft wurde. Umso erstaunlicher ist es, dass Anstrengung besonders in der Arbeitswelt noch bewundert wird.

ANSTRENGUNG FÜHRT NICHT ZU ERFOLG

Nach wie vor glauben viele Menschen, dass Anstrengung zum Erfolg führt. Sich abmühen gilt immer noch als ein Zeichen von Ehrgeiz und Leistungsbereitschaft. Machen Sie sich einmal den Spaß und blättern Sie in den üblichen Karrierehandbüchern. Auch dort wird Ihnen empfohlen, hart zu arbeiten, um voranzukommen. Es sieht so aus, als würde man nur dann viel Geld verdienen, wenn man auch viel und lange arbeitet.

Aber stimmt das tatsächlich? Verdienen alle Menschen, die sich täglich krumm legen und rund um die Uhr beschäftigt sind, viel Geld? Nein, viele Menschen bleiben arm, obwohl sie sich abrackern. Und schuften alle Einkommensmillionäre bis zum Umfallen? Nein, auch das ist nicht erwiesen.

Nun möchte ich mit diesem Buch nicht verhindern, dass Sie sich weiterhin abmühen. Strengen Sie sich an, wann immer Sie es für richtig und passend halten. Fahren Sie mit dem Fahrrad durch die Alpen, nehmen Sie am Hundeschlittenrennen durch Alaska teil oder veranstalten Sie ganz allein eine Geburtstagsfeier mit zwanzig quirligen Vorschulkindern. Gönnen Sie sich jede Herausforderung, durch die Sie sich lebendig fühlen. Aber hören Sie auf zu glauben, Sie müssten sich anstrengen, um weiterzukommen oder um viel Geld zu verdienen.

Warum wollen Sie sich ausgerechnet Mühe geben?
Geben Sie sich Leichtigkeit, geben Sie sich Gelassenheit –
aber belasten Sie sich nicht mit Mühe.

Wenn wir sehr genau hinschauen, entdecken wir, dass Anstrengung einfach nur Anstrengung ist. Sie führt nicht zwangsläufig zum Erfolg und auch nicht zu einem hohen Einkommen.

ERFOLG BRAUCHT NICHT ANSTRENGUNG, SONDERN CLEVERNESS.

Mit Cleverness meine ich diese smarte Intelligenz, die in jedem von uns steckt. Die Intelligenz, durch die die Menschheit bereits viele Mühen abgeschafft hat.

Verzichten Sie auf Fleiß. Setzen Sie dafür lieber auf »Geist«.

Ja, es kommt auf uns selbst an. Dabei ist das größte Kapital, das wir haben, unsere Fähigkeit, die Plackerei abzuschaffen. Und es beginnt mit unserer inneren Haltung. Wir hinterfragen das mühevolle Schuften. Neugierig wollen wir wissen: Wie können wir es uns leichter und einfacher machen?

Sie finden in diesem Kapitel einige wichtige Entdeckungen, durch die Sie künftig müheloser arbeiten können. Es handelt sich um sehr einfache Prinzipien, die aber dennoch höchst wirksam sind.

Aber zuerst lassen Sie uns die Anstrengung genauer unter die Lupe nehmen. Wodurch entsteht sie überhaupt?

DER STOFF, AUS DEM DIE ANSTRENGUNG GEMACHT IST

Jede überflüssige Anstrengung entsteht durch Reibung. Das, was eigentlich wie geschmiert laufen könnte, wird abgebremst. So eine Reibung entsteht, wenn wir zu einer Arbeit gleichzeitig Ja und Nein sagen. Wir denken: »Ja, ich muss das machen«, und gleichzeitig haben wir die Einstellung: »Nein, das mag ich nicht. Eigentlich habe ich keine Lust dazu.«

Es ist, als würde jemand im Auto bei laufendem Motor die Handbremse anziehen (das ist unser inneres Nein) und gleichzeitig aufs Gaspedal drücken (»Ja, ich muss das tun«). Natürlich kommt das Auto nur schwer in Gang. Und was macht unser unglücklicher Fahrer, wenn das Auto zu langsam fährt? Er gibt noch mehr Gas – bei gleichzeitig angezogener Handbremse. Bei der Arbeit wird das innere Nein mit Gegendruck bekämpft. Man zwingt sich dazu, das zu tun, was man nicht mag. Gas geben bei angezogener Handbremse führt jedoch zu einem geringeren Tempo und hohem Benzinverbrauch.

Beim Arbeiten hat das ähnliche Auswirkungen. Wer sich gezwungen fühlt, etwas zu tun, was er nicht mag, kommt nur schwer voran, ist schneller kraftlos und riskiert auf Dauer seine Gesundheit. Das gilt nicht nur für den Beruf, sondern für jede Tätigkeit. Viele Menschen tun auch privat Dinge, die sie nicht wirklich wollen. Sie gehen zu Partys und Veranstaltungen, auf denen sie sich nicht wohl fühlen. Sie übernehmen Verpflichtungen, die ihnen lästig sind, oder hegen und pflegen Dinge, die ihnen schon lange keine Freude mehr bereiten.

Alles, was wir mit einem inneren Nein tun, wird schwer.

Und wenn wir uns dabei noch zusätzlich unter Druck setzen, weil wir perfekt oder schnell sein wollen, steigt die Anstrengung. Es wird immer mühevoller. Hier sind zwei Kräfte am Werk, die gegeneinander arbeiten, statt an einem Strang zu ziehen. Die eine Kraft ist das Müssen und Sollen. Sie drängt zum Tun. Die andere ist das innere Nein, das dagegenhält.

DAS INNERE NEIN

Was könnten Sie tun, um die Anstrengung zu beenden?
Entdecken Sie zunächst, wo Sie in Ihrem Leben mit angezogener Handbremse fahren.
Wo arbeiten Sie mit einem inneren Nein?

IM BERUFLICHEN

Welche Tätigkeiten oder Aufgabengebiete rufen innere Abwehr hervor?

_____

_____

_____

Wo tun Sie etwas, was Sie nicht wirklich wollen?

_____

_____

_____

IM PRIVATEN

Wo zwingen Sie sich zu etwas, was Sie nicht mögen?

_____

_____

_____

Was im Bereich Familie oder Partnerschaft tun Sie, obwohl es innerlich ein Nein erzeugt?

_____

_____

_____

TUN SIE, WAS SIE LIEBEN

Ihr Nein ist der Schlüssel, um aus der Anstrengung herauszukommen.

Sagen Sie Ja zu Ihrem Nein. Denn unter Ihrem Nein liegt das, was Sie gern tun.

Unter Ihrem Nein zeigen sich Ihre wirklichen Interessen, Begabungen und Talente. Das, was Sie motiviert. Wenn Sie das tun, was Sie mögen, arbeiten Sie mühelos, ohne inneren Widerstand.

»——→ Ich habe mir angewöhnt, jede Anstrengung beim Arbeiten aufmerksam wahrzunehmen. Lange Zeit habe ich in meinen Seminaren ein Anstrengungstagebuch geführt. Ich schrieb alles auf, was mir Mühe machte. Immer, wenn ich merkte, dass ich dabei war, mich abzurackern, notierte ich das in einem oder zwei Stichworten. Und ich schrieb auch auf, was wie von selbst lief, was ich locker, ohne Mühe hinbekam. Nach drei Seminaren hatte ich ein sehr deutliches Bild davon, was meine echten Schätze als Kommunikationstrainerin sind und wobei ich mich verbiegen musste. Ich fing

an, alles Mühevolle durch das zu ersetzen, was ich gut kann und was mir leichtfällt. Dadurch wurden die Seminare auch für meine Teilnehmer weniger anstrengend. Sie hatten mehr Spaß und lernten entspannter. Die Rückmeldungen der Teilnehmer wurden immer positiver, und die Firmen beauftragten mich viel öfter mit neuen Seminaren. Ich machte mehr Umsatz und verdiente mehr Geld.

KONZENTRIEREN SIE SICH AUF IHRE STÄRKEN

Anstrengung entsteht durch ein gleichzeitiges Ja und Nein. Und Mühelosigkeit entsteht durch Liebe. Ein großes Wort, aber mir fällt kein besseres ein.

Wenn Menschen lieben, was sie tun, sind sie innerlich im Ja. Sie sind ganz von selbst motiviert. Mangelnde Motivation gibt es nur dort, wo Menschen ohne ein inneres Ja arbeiten. Wenn Sie das tun, was Sie lieben, arbeiten Sie mit Ihren Begabungen und Talenten. Sie müssen sich nicht zwingen oder am Riemen reißen. Es ist die größte Verschwendung von Energie und Intelligenz, täglich etwas zu tun, was einen nicht sonderlich interessiert, und das, was begeistert, findet nur in der Freizeit statt. Oder überhaupt nicht.

»——→ Ich bin überzeugt, dass jeder Mensch etwas in sich trägt, das für die Welt nützlich ist. Dass es keine unbegabten Menschen gibt. Ich erinnere mich an eine Sekretärin, die sich später mit einem eigenen Unternehmen selbstständig gemacht hat. Als ich sie kennenlernte, war sie der Meinung, sie sei unbegabt. Sie wäre nur eine Sekretärin, könne ein bisschen tippen und Bürokram erledigen. Einiges an ihrem damaligen Job gefiel ihr nicht, das Tippen zum Beispiel. Aber Organisation, Ablage und Dokumentation, das tat sie sehr gern. Nur war das in ihren Augen keine Begabung. Aber Menschen, die nicht begabt sind, gibt es nicht. Bloß Menschen, die ihre Begabungen nicht für voll nehmen und sich selbst nicht richtig wertschätzen.

Oft können wir unsere Talente erst erkennen, wenn jemand anders sie anerkennt. Genau das hat bei dieser Teilnehmerin gefehlt. Erst im Seminar merkte sie, dass ihre Begabung in Sachen Büroorganisation etwas war, was andere gut

gebrauchen konnten. Es dauerte noch zwei Jahre, dann machte sie sich mit ihrem Talent in Sachen Organisation selbstständig. Mittlerweile verkauft sie Büroarbeit tage- oder stundenweise an Start-up-Unternehmen, Freiberufler und kleine Firmen, organisiert die Ablage, sorgt für eine passende Dokumentation und kümmert sich darum, dass die Verwaltung funktioniert. Jetzt verdient sie wesentlich mehr als vorher. Und sie ist, wie sie selbst sagt, »hundert Mal zufriedener«. Ihren Erfolg verdankt sie einem einfachen Rezept: sich auf die eigenen Stärken konzentrieren und alles abschaffen, was einem nicht liegt.

Wenn Sie müheloser leben und arbeiten wollen, dann folgen Sie dem, was Sie begeistert. Setzen Sie Ihre Stärken und Talente in die Welt. Da, wo Ihr »Ja« ist, geht es lang.

WAS ICH GUT KANN UND GERNE TUE

Sorgen Sie dafür, dass Sie mit dem, was Sie gern tun, auch Ihr Geld verdienen können. Nur wenn Sie Ihre Stärken und Talente ernst nehmen, können auch andere sie ernst nehmen. Wenn Sie an Ihren Wert glauben, können andere Sie dafür hoch bezahlen.

IHRE LEIDENSCHAFT

Finden Sie heraus, wofür Sie brennen, was Sie mit Begeisterung tun.

Welche Tätigkeiten machen Ihnen Freude?

_____

_____

Wofür würden Sie sich gern mit Elan einsetzen oder sich richtig reinhängen?

_____

_____

Was würden Sie beruflich tun, wenn der Verdienst keine Rolle spielte?

_____

_____

IHRE MÜHELOSIGKEIT

Was Sie gut können, ohne dass Sie sich dafür anstrengen müssten.

Was geht Ihnen leicht von der Hand?

_____

_____

Was haben Sie schon als Kind gern getan?

_____

_____

Wobei stellt sich ein Gefühl von Flow ein, sodass Sie die Zeit vergessen?

_____

_____

Ihre Begabungen und Talente

Wo liegen Ihre Stärken, was setzen Sie
ein oder könnten es einsetzen?

*Was würden Freunde auf die Frage
antworten, was Ihnen besonders liegt?*

_____

_____

*Soziale Fähigkeiten: Können Sie gut mit
Menschen umgehen, zuhören oder sich
einfühlen?*

_____

_____

*Logisches Denken: Wo setzen Sie das
bisher ein? Wie steht es mit Präzision oder
Konzentrationsfähigkeit?*

_____

_____

*Wie sieht es aus mit Redegewandtheit,
Ausdrucksfähigkeit, etwas erklären?*

_____

*Sinn für Ästhetik, Schönheit, musische
Fähigkeiten: Wo zeigen diese sich?*

_____

_____

*Humor, Optimismus, Orientierungssinn ...
Wo liegen Stärken, die Sie bislang nicht
im beruflichen Kontext gesehen haben?*

_____

_____

*Was ist Ihnen so selbstverständlich, dass
Sie es vielleicht noch nie als Talent
betrachtet haben?*

_____

_____

*Welche Ihrer Begabungen wurden noch
nicht benannt?*

_____

Wenn ERFOLG
bedeutet,
glücklich zu sein,
Bist DU dann
auf der
RICHTIGEN SPUR?

Timber Hawkeye

UNANGENEHMES LEICHTER WERDEN LASSEN

Selbst dann, wenn Sie mit viel Liebe arbeiten, kann es Ihnen passieren, dass Sie es manchmal mit unangenehmen Aufgaben zu tun bekommen. Etwas, was Sie nicht besonders mögen. Ziel ist, davon so wenig wie möglich im Alltag zu haben. Falls es Sie aber doch trifft, ist es gut, wenn Sie sich die Sache nicht unnötig schwer machen.

Denken Sie daran, dass Anstrengung dadurch entsteht, dass wir innerlich gleichzeitig Ja und Nein sagen. Wenn Sie sich entschließen, etwas zu tun, dann entfernen Sie das Nein. Unangenehme Arbeiten können Sie leichter bewältigen, wenn Sie sich nicht dagegen sträuben. Praktisch sieht das so aus, dass Sie sich auf das konzentrieren, was Sie tun – ohne darüber nachzudenken, dass Sie die Arbeit eigentlich nicht mögen. Sie nehmen Ihre Aufmerksamkeit vom Nein weg und bringen die Sache hinter sich. Wenn Sie beispielsweise nicht gern die Fenster putzen, aber es dennoch tun wollen, dann putzen Sie sie einfach. Stoppen Sie Ihren inneren Kommentar dazu. Denn wenn Sie sich innerlich

sträuben, etwa so: »Oh, wie ich das hasse! Ich kriege diese blöden Scheiben einfach nicht sauber. So ein Mist!«, wird es für Sie anstrengend. Wahrscheinlich dauert es auch länger.

Die Kunst, das Unangenehme leichter hinter sich zu bringen, besteht darin, keinen inneren Widerstand dagegen aufzubauen.

Das gilt auch für Situationen, die Sie nicht mögen. Zuerst ist es gut, zu überlegen, wie Sie aus einer unangenehmen Situation herauskommen können. Wenn das nicht geht oder Sie sich entschlossen haben, das auszuhalten, dann stoppen Sie alle Nein-Gedanken. So können Sie den Besuch beim Zahnarzt leichter ertragen oder eine blöde Party ohne Verkrampfung überstehen. Insgesamt können Sie müheloser leben und arbeiten, wenn Sie Ihr Ja und Ihr Nein klar erkennen und an den richtigen

*Wenn Sie etwas tun wollen, was Sie nicht mögen,
dann stoppen Sie Ihr inneres Nein. Hören Sie auf, sich zu
sträuben, und bringen Sie die Sache hinter sich.*

Achten Sie darauf, wie Sie mit sich selbst in Gedanken reden. Indem Sie sich sagen, dass Sie etwas müssen oder sollen, setzen Sie sich unter Druck (Ich muss endlich mal den Keller aufräumen. Ich sollte mit dem Rauchen aufhören). Jeder Druck erzeugt auch Gegendruck. Diesen Gegendruck erleben Sie in Form von Vermeiden, Geht-nicht, keine Lust. Besser als Müssen und Sollen sind Entscheidungen. Sie entscheiden, etwas zu tun oder zu lassen (Ich räume den Keller auf und fange jetzt damit an. Ich höre auf zu rauchen. Ab jetzt keine Zigarette mehr). Fragen Sie sich selbst, ob Sie sich nicht lieber entscheiden wollen, statt sich unter Druck zu setzen.

NEINGEDANKEN LOSLASSEN!

Eine einfache Erkenntnis kann hier sehr hilfreich sein: Das innere Nein besteht aus Gedanken. Wir denken zuerst, dann fühlen wir das, was wir denken. Das innere Nein ist ganz am Anfang ein Gedanke, der gesagt hat: *Och, das ist echt doof. Dazu habe ich keine Lust.*
Das fühlt sich dann lustlos an. Der beste Weg, um da wieder rauskommen: die Neingedanken loslassen und damit den inneren Widerstand beenden.

Platz bringen. Eigentlich ist es sehr einfach: Beim Gasgeben lösen Sie die Handbremse, und wenn Sie bremsen wollen, dann drücken Sie nicht mehr aufs Gaspedal.

SO KLAPPT MÜHELOS LEBEN UND ARBEITEN

1

Anstrengung ist keine Tugend

Das Leben ist kein Jammertal und Arbeit darf Vergnügen sein. Verabschieden Sie sich von den alten Idealen, die besagen, dass man sein Geld im Schweiße seines Angesichts verdienen muss. Sie können sehr erfolgreich leben und arbeiten – ohne Mühe. Und wenn Sie schwitzen wollen, treiben Sie Sport.

2

Verdienen Sie Geld mit Ihren Talenten

Das Leben ist anstrengend, wenn Sie ständig etwas tun müssen, was Ihnen nicht liegt. Arbeiten Sie mit Ihren Begabungen. Verdienen Sie Ihr Geld mit dem, was Sie gern tun. Beobachten Sie sich die nächsten Wochen im Alltag und halten Sie Ausschau nach dem, wofür Sie sich begeistern. Dort liegt Ihr persönlicher Schatz. Bringen Sie ihn ans Licht.

3

Tun Sie mehr von dem, was Ihnen Freude macht

Gestalten Sie Ihre Arbeit so, dass Sie sie mögen oder wenigstens zum größten Teil. Sie haben das Recht, Ihrer Freude zu folgen. Damit nutzen Sie auch der Firma, für die Sie arbeiten. Wer begeistert arbeitet, ist produktiver als jemand, der einen mürrischen Dienst nach Vorschrift macht.

4

Verhandeln, umverteilen, delegieren

Verhandeln Sie mit Ihren Vorgesetzten und Kollegen über eine Umverteilung der Arbeit. Tauschen Sie unliebsame Tätigkeiten gegen Ihre Lieblingsaufgaben aus. Nehmen Sie nicht stumm etwas hin nur »weil es immer schon so war«.

5

Folgen Sie Ihrem roten Faden

Geben Sie sich selbst etwas, das Sie erreichen wollen. Vielleicht ist es etwas, das Sie gern sein würden, oder etwas, das Sie erleben möchten. Wenn es Ihr Herz erfreut, ist es Ihr roter Faden. Verlieren Sie das, was Sie langfristig anstreben, nicht aus den Augen.

6

Stoppen Sie Ihr Nein

Wenn Sie, aus welchen Gründen auch immer, etwas tun wollen, was Sie eigentlich nicht mögen, dann gilt: Stellen Sie Ihr inneres Nein ab. Stoppen Sie alle Gedanken, mit denen Sie sich einreden, wie schrecklich diese Arbeit oder Situation jetzt ist. Konzentrieren Sie sich nur auf das, was zu tun ist. Damit vermeiden Sie unnötige Reibung und Stress.

DER ENTSCHEIDENDE KNACKPUNKT

Um Erfolg zu haben, müssen Sie nicht viel arbeiten. Es kommt vielmehr darauf an, dass Sie das Passende tun. Das, was wirklich funktioniert und die gewünschten Ergebnisse bringt. Dieses Passende nenne ich den Knackpunkt. Der Knackpunkt ist das, was eine Sache zum Laufen bringt. Es ist der richtige Dreh, von dem aus sich alles Weitere ergibt. Wenn Sie vom Knackpunkt aus arbeiten, dann arbeiten Sie wie ein Chirurg, der genau weiß, was er operieren will. Er macht nur wenige, gezielte Schnitte und steuert ohne Umwege aufs Ziel zu.

Fleiß ist dabei völlig überflüssig.

Niemand würde sich von einem »fleißigen« Arzt operieren lassen, der extra lange und besonders viel am Körper herumschneidet. Das Wenige, das den Kern trifft, ist meisterhaft. Um mit diesem Wenigen viel zu erreichen, ist es wichtig, den Knackpunkt zu kennen. Was aber genau ist der Knackpunkt und wie findet man ihn?

KNACK UND OFFEN

Sie kennen wahrscheinlich den Knackpunkt bei einer Saftflasche. Obst- und Gemüsesaft wird gern in Flaschen verkauft, die einen breiten Deckel haben, einen Twist-Off-Verschluss. Diese Verschlüsse sitzen manchmal sehr fest. Und falls die Hände auch noch ein wenig glitschig sind, kann man eine Menge Kraft aufwenden, ohne dass sich der Deckel auch nur einen Millimeter rührt. Wenn sich der Deckel durch einfaches Drehen nicht öffnen lässt, können Sie natürlich Fleiß als Strategie einsetzen. Mehr Anstrengung. Dabei drehen Sie immer kräftiger am Verschluss, Ihr Gesicht verkrampft sich, Sie beißen die Zähne zusammen und geben einen Uuuaarrr-Laut von sich. Vielleicht geht der Deckel jetzt auf, vielleicht auch nicht. Natürlich wissen Sie auch, dass es mit dem richtigen Dreh sehr viel leichter geht. Sie drehen die Flasche um und geben dem Flaschenboden einen kräftigen Klaps. Der Deckel lässt sich jetzt einfach aufdrehen.

Hören Sie auf, alles zu tun. Konzentrieren Sie sich auf den entscheidenden Knackpunkt. Auf das Wenige, das die Sache in Schwung bringt.

Wer diesen Knackpunkt kennt, versucht es nicht mit viel Aufwand, sondern klopft gleich auf den Flaschenboden, um an den Saft zu kommen. Was beim Öffnen von Saftflaschen funktioniert, klappt auch bei den allermeisten Tätigkeiten. Es gibt einen richtigen Dreh. Wenn Sie den kennen, können Sie es sich leicht machen.

RAUS AUS DER TRETMÜHLE

Wenn der Knackpunkt nicht bekannt ist, dann neigen fleißige Menschen dazu, sehr viel zu tun, nach dem Motto: »Wenn ich hier *alles* tue, was von mir verlangt wird, dann bin ich auf der sicheren Seite.« Und dann tun sie tatsächlich *alles*, statt sich auf den entscheidenden Knackpunkt zu konzentrieren. Wer aber *alles* tut, ist voll beschäftigt. So voll beschäftigt, dass jetzt die Zeit fehlt, um in Ruhe darüber nachzudenken, was hier der richtige Dreh sein könnte. Von den Vollbeschäftigten hören wir häufig: »Ich würde mir ja gern mehr Gedanken machen, wie ich

rationeller arbeiten könnte, aber dafür fehlt mir die Zeit. Ich habe so wahnsinnig viel zu tun.« Fleißige Menschen rotieren meistens in solchen Hamsterrädern. Ihr ständiges Beschäftigtsein führt dazu, dass sie keine Zeit haben.

> *Um den entscheidenden Knackpunkt zu finden, brauchen wir eine komplett andere Arbeitshaltung als die des Beschäftigtseins. Einen ruhigen, entspannten Geist und genügend Abstand zu der Aufgabe, um die es geht. Wir brauchen Zeit zum Nachdenken. Deshalb ist das erste Kapitel in diesem Buch so wichtig. Beruhigen Sie die 1000 Dinge in Ihrem Leben. Sorgen Sie dafür, dass Sie nicht überlastet sind und im Kleinkram ersticken. Verschaffen Sie sich so viel Freiraum wie möglich. Erst wenn Sie aus der Tretmühle des Viel-Tuns ausgestiegen sind, können Sie mit wenig Aufwand viel erreichen.*

DER BLICK FÜR DAS WESENTLICHE

Nehmen Sie die Aufgabe, vor der Sie stehen, und suchen Sie zuerst den entscheidenden Punkt. Lenken Sie Ihr Denken durch bestimmte Fragen in die richtige Richtung.

DIE ESSENZ

Manchmal genügt schon eine Frage und Sie finden den richtigen Dreh. Und manchmal sind alle notwendig, um den Knackpunkt zu entdecken.

Wie soll das Ergebnis aussehen, was wäre hier ein Erfolg?

_____

_____

_____

Worauf kommt es bei dieser Arbeit im Kern an?

_____

_____

_____

DER ENTSCHEIDENDE SCHRITT

Hören Sie auf, zu viel zu tun. Konzentrieren Sie sich auf das Wenige, das die Sache in Schwung bringt.

Durch welche Maßnahme bzw. welche Aktivität würden Sie entscheidend vorankommen?

_____

_____

_____

Was können Sie bei dieser Aufgabe tun, um mit wenig Aufwand erfolgreich zu sein?

_____

_____

_____

DER RICHTIGE DREH
IST GENIAL EINFACH

Entdeckte Knackpunkte sind im Grunde etwas sehr Einfaches. Sie sind, wie alles Geniale, eher schlicht. Hat man den richtigen Dreh erst einmal gefunden, ist man meistens erstaunt darüber, wie simpel die Sache ist. So simpel wie das Klopfen auf den Boden einer Saftflasche. Nichts Besonderes, oder? Aber nur, wenn man es weiß. Für den, der es gerade entdeckt hat, ist es ein Aha-Erlebnis. Lassen Sie mich die Suche nach dem Knackpunkt an einem Beispiel verdeutlichen. Ich nehme dafür einen Fall, den viele Menschen nachvollziehen können: die Organisation einer Familienfeier.

»⟶ Harry, der an einem meiner Seminare teilnahm, wollte ein Familienfest auf die Beine stellen. Seine Eltern feierten silberne Hochzeit. Wer so etwas schon einmal hinter sich gebracht hat, weiß, wie viel Zeit und Kraft das Organisieren kosten kann. Harry ging mit Eifer an die Festvorbereitungen heran. Er überlegte, was *alles* zu planen und zu bedenken wäre. Nach ein paar Minuten Planung sagte er »puh« und fasste sich an den Kopf. Ein sicheres Zeichen dafür, dass hier gerade die Fleiß-Nummer ablief.

Fleiß macht »puh!« und Knackpunkte machen »aha!«.

Ich bin zusammen mit Harry die Sache vom Knackpunkt her durchgegangen. Dabei geht es nicht um »alles tun«, sondern zuerst um den richtigen Dreh. Um das, was Harrys Meinung nach das Fest wirklich erfolgreich machen würde. Der Rest ergibt sich aus diesem entscheidenden Knackpunkt. Aber was ist der entscheidende Knackpunkt bei dieser silbernen Hochzeit? Hier ist es wichtig, konkret zu werden. Keine Larifari-Labereien wie etwa »ein schönes Fest« oder »eine tolle Stimmung«. Das trifft weltweit auf jede Feier zu und ist viel zu allgemein. Was wäre ein Erfolg bei *genau dieser* Feier und mit *genau dieser* Verwandtschaft?

Wenn Sie Ihren richtigen Dreh suchen, dann nehmen Sie sich für die Antworten Zeit und entspannen Sie sich. Ihre Gedanken dürfen Handstand machen und Saltos schlagen. Kein Druck. Nur ein freier Blick und ein neugieriges Gehirn – mehr brauchen Sie nicht.

SO WIRD DIE PLANUNG KINDERLEICHT

Lesen Sie hier, wie ich mit Harry den konkreten Knackpunkt entdeckte. Sie werden feststellen, dass es einen Moment gedauert hat, bis Harry aus dem Alles-Tun herausgekommen ist. Aber dann hat er den richtigen Dreh gefunden und von da an war die Planung kinderleicht. Folgen Sie einem Ausschnitt aus unserem Gespräch.

Zum Beispiel: Die Familienfeier

Ich: »Worauf kommt es bei der silbernen Hochzeit Ihrer Eltern im Kern an?«
Harry: »Äh, zunächst die Einladungen. Das Essen muss vorbereitet werden. Nein, wir gehen in ein Lokal, weil niemand von uns zu Hause so viel Platz hat. Es werden ca. 40 Leute kommen. Und jemand muss eine Rede halten. Als ältester Sohn muss ich das wahrscheinlich machen ...«
Ich: »Ja, da sind viele Einzelheiten zu bedenken. Lassen wir die Details zunächst einmal beiseite. Was wäre für Sie, Ihre Eltern und die restliche Verwandtschaft das Wesentliche bei der Feier?«
Harry: »Wesentlich? Darüber habe ich noch nicht nachgedacht. Natürlich, dass das alles klappt!«

Ich: »Was, würden Sie sagen, ist der Kern dieser silbernen Hochzeit?«
Harry: »Der Kern? Also im Kern kommt es darauf an, dass meine Eltern als Ehepaar geehrt werden. Dass sie gefeiert werden, weil sie schon so lange zusammen sind.«
Ich nahm ein Blatt Papier und malte einen runden Knackpunkt-Kreis in die Mitte. Im Kreis stand oben: Eltern werden geehrt und gefeiert.
Ich: »Der Knackpunkt ist, dass Ihre Eltern geehrt und gefeiert werden. Wie könnte das geschehen?«
Harry überlegte eine Weile: »Ja, indem wir uns ihre Ehe noch einmal anschauen. Vielleicht so etwas wie eine Hochzeitszeitung und Fotos aus der Zeit, als sie sich kennenlernten. Und aus der Zeit, als wir Kinder geboren wurden. Die Fotos könnten in Form von Dias gezeigt werden, damit alle die Bilder sehen können. Es gibt auch einige Videoaufnahmen von meinen Eltern aus ihren letzten Urlauben.«
Ich schrieb das, was Harry sagte, in Stichworten in den Knackpunkt-Kreis hinein. Jetzt stand da: Eltern werden geehrt und gefeiert mit Fotos, Dias, Hochzeitszeitung, Videoaufnahmen.
Ich: »Gut. Wenn das der Knackpunkt ist, was wird dann gebraucht, damit das so gut wie möglich stattfinden kann?« Jetzt rollten wir die gesamte Organisation der

Feier vom Knackpunkt her auf.
Ich zeichnete einen zweiten Kreis
um den Knackpunkt herum.

Harry: »Ich müsste zuerst die Fotos
und Videoaufnahmen von meinen
Geschwistern und den anderen Verwandten einsammeln. Das könnte
ich mit auf die Einladung schreiben.
Wer etwas hat, soll es mir zur Verfügung
stellen. Bei meinen Eltern werde ich dezent
spionieren. Und wir brauchen ein Lokal,
in dem wir den Raum verdunkeln können.
Mein Bruder kann sich um die technischen
Sachen kümmern wie Diaprojektor, Video-
gerät und so weiter.«

Auf den Knackpunkt zielen:
vom wesentlichen Kern zu den
Einzelheiten am Rande

Harry sprudelte über, und ich beeilte
mich, um alle seine Ideen festzuhalten.
Ich teilte den zweiten Kreis in einige grobe
Teilstücke ein, wie »Lokal«, »Einladungen«, »Technik« und schrieb mit, was
Harry sagte. Er sprach dann über das
Essen und kam zu dem Schluss, dass ein
kaltes Buffet am besten wäre, weil »man
ja nicht weiß, wie lange solche Ehrungen
dauern«. Jetzt drehte Harry richtig auf
und entwickelte viele Ideen für die Raum-
dekoration, wie die Einladungen aussehen
sollten und welche Anekdoten Onkel
Herbert noch erzählen könnte.
Das alles kam in einen dritten großen
Kreis, den ich um die beiden ersten herum

mulle. Im dritten Kreis standen Details
und die Dinge, die zusätzlich ganz nett
wären.

Das Gespräch mit Harry dauerte nur
wenige Minuten, aber es war sehr
ergiebig. Am Schluss hielt er ein Blatt in
der Hand mit einer Knackpunkt-Übersicht. Es sah aus wie eine voll geschrie-
bene Zielscheibe.

Ein Knackpunkt ist meist etwas sehr Einfaches.
Er ist so simpel, dass wir ihn oft glatt übersehen.

Harry war erstaunt, wie einfach die Organisation vom Knackpunkt her war. Übrigens wurde die Feier ein voller Erfolg. Harry sagte mir am Telefon, dass alles wunderbar geklappt hat. Die Verwandten und Bekannten hatten Fotos herausgesucht. Die Dias und Videofilme sorgten dafür, dass alle in Erinnerungen schwelgten, und da ergab eine Geschichte die nächste. Seine Eltern waren tief gerührt. Er hatte genau den richtigen Punkt getroffen.

IM KOMPLIZIERTEN DAS EINFACHE FINDEN

Wenn Sie den richtigen Dreh gefunden haben, werden Sie schnell merken: »So funktioniert es.« Aber solange Sie den entscheidenden Knackpunkt nicht erfasst haben, werden Sie wahrscheinlich viel Zeit, Mühe und Geld in die Sache investieren.

Dabei können Sie natürlich Glück haben und den richtigen Dreh zufällig erwischen. Wie ein Jäger, der im Wald stundenlang wild herumschießt und dabei zufällig einen Fasan trifft. Haben Sie aber Pech, dann treffen Sie nur

Lassen Sie mich an dieser Stelle eine wichtige Anmerkung machen. Die Feier war ein Erfolg, weil Harry den richtigen Knackpunkt für seine Eltern und seine Verwandtschaft gefunden hat. In anderen Familien kann es einen anderen Knackpunkt geben. Vielleicht viel Musik und Tanz oder ein Ausflug. Es gibt bei Feiern, Meetings, Events und anderen Veranstaltungen keinen generellen Knackpunkt, sondern immer nur einen, der zum jeweiligen Anlass und zu den Leuten passt. Das gilt auch für den Business-Bereich. Auch für Marketing, Kundenbetreuung und Mitarbeiterführung gibt es keine ewig gültigen, universellen Knackpunkte. Aber Sie können den passenden Dreh entdecken, auf den es bei Ihren Mitarbeitern, bei Ihren Kunden und bei Ihren Produkten ankommt.

daneben. Und jetzt besteht die Gefahr, dass Sie den geringen Erfolg mit noch mehr Anstrengung verbessern wollen. Also mit zwei Flinten und noch mehr Munition um sich schießen.

Wenn Sie hingegen gezielt vorgehen, können Sie mit wenig Aufwand viel erreichen. Nehmen Sie sich Zeit und Ruhe, legen Sie sich auf die Lauer und suchen Sie nach dem, was funktioniert. Bei komplexen Aufgaben ist das Entdecken eines Knackpunktes eine echte Kunst. Das liegt daran, dass wir uns leicht von den komplizierten Zusammenhängen und Bedingungen einfangen lassen. Und im Gestrüpp des Komplizierten übersehen wir das Einfache.

FALLBEISPIELE

Ich stelle Ihnen hier drei Beispiele vor, die alle eines gemeinsam haben: Die Betreffenden standen vor einer Aufgabe, von der sie dachten, sie wäre zu kompliziert. Und es gäbe deshalb keinen richtigen Dreh, der alles erleichtern könnte. Den gab es aber doch, wie Sie gleich lesen können.

Die Besitzerin eines Geschäftes für Puppen und historisches Spielzeug

»——→ »Mein Geschäft lief schon seit fast zwei Jahren, aber es kamen immer noch viel zu wenig Kunden. Deshalb habe ich versucht, mich durch Werbung bekannt zu machen. Ich habe daher viel Geld in Anzeigen investiert. Aber das hat wenig gebracht. Die Knackpunktfrage, die mir am meisten geholfen hat, war: Worauf kommt es im Kern an? Ich wollte mit meinem Geschäft einfach bekannter werden. Die Leute sollten zu mir kommen, aber dafür müssen sie erst einmal wissen, dass es mich überhaupt gibt. Der Knackpunkt war, bekannt zu werden, ohne viel Geld zu investieren. Bekannt wird man durch die Medien, dachte ich mir. Fernsehen, Radio und Zeitungen erreichen viele Leute. Ich habe also eine Freundin von mir angesprochen, die manchmal fürs Radio arbeitet. Die hat einen kleinen Beitrag produziert über Spielsachen, die schon in Vergessenheit geraten sind, und dabei mein Geschäft erwähnt. Kurz darauf kam das regionale Fernsehen vorbei und die machten auch einen kurzen Beitrag über historisches Spielzeug. Diese beiden Sendungen haben genügt, um wesentlich mehr Kunden anzulocken. Im Vergleich zu dem, was mich die Anzeigen vorher gekostet haben, war der Aufwand gering, aber der Erfolg enorm.«

Ein Physiker an einem großen internationalen Forschungsinstitut

»——→ »Ich muss immer mal wieder vor Leuten sprechen, die keinen Schimmer davon haben, was wir hier erforschen. Solche Vorträge vor Laien waren für mich ein großes Problem. Ich soll dabei in sechzig Minuten etwas erklären, wofür ich selbst jahrelang studiert habe. Meine Vorträge waren immer sehr aufwendig. Ich habe Folien und Dias erstellt, um die Versuchsanlagen zu erklären. Und während des Vortrags Formeln abgeleitet, um den theoretischen Hintergrund deutlich zu machen. Aber trotz des Aufwands kamen meine Vorträge bei den Zuhörern nicht besonders an. Die Leute wirkten nicht interessiert, es gab kaum Beifall. Um besser zu werden, habe ich noch mehr Folien angefertigt, am Text gefeilt, noch mehr Informationen in den Vortrag gepackt. Oft habe ich zwei Tage an einer einstündigen Rede gearbeitet. Für mich war die beste Knackpunktfrage: Was wäre hier ein Erfolg? Das habe ich zwei meiner Zuhörer gefragt und die haben mir geantwortet, ich müsste nur verständlicher reden. So verständlich, dass auch jemand den Vortrag kapiert, der nicht acht Jahre Physik studiert hat. Die beiden hatten natürlich Recht. Aber wie erkläre ich komplizierte physikalische Vorgänge mit ganz einfachen Worten?

Das war für mich ein echtes Rätsel. Ein entscheidender Dreh hat mir geholfen: Ich stellte mir vor, ich würde den Vortrag einem zwölfjährigen Kind halten. Wenn ein Kind das meiste versteht, bin ich allgemein verständlich. Meine nächsten Vorträge habe ich tatsächlich an meinem Sohn ausprobiert. Wenn der etwas nicht begriffen hat, redete ich zu kompliziert. So habe ich gelernt, vom Fachchinesisch wegzukommen. Meine Vorträge sehen jetzt anders aus. Ich gebe nur eine grobe Übersicht und nutze sehr einfache Bilder. Die physikalischen Grundlagen erkläre ich anhand von Alltagsbeispielen. Einfache physikalische Sachverhalte führe ich auch direkt vor. Das Ganze lockere ich mit witzigen Anekdoten auf. Meine Vorträge kriegen mittlerweile viel Applaus und machen mir Spaß.«

Die Assistentin eines Managers

»——→ »Als Assistentin war ich von Anfang an für alles zuständig. Reisen organisieren, Termine managen, Leute abfangen und vertrösten, Sitzungsprotokolle tippen und verschicken. Ein Sammelsurium an Aufgaben. Um alles zu schaffen, habe ich von morgens bis abends gepowert. Mein Chef hat mich gelobt, aber ich ging nach zwölf Monaten auf dem Zahnfleisch. Der Knackpunkt war, dass ich Unterstützung brauchte. Es war eindeutig zu viel für nur eine Person. Und das musste ich meinem Chef erklären. Ich bin mit der Knackpunkt-Idee an die Sache herangegangen. Statt ihm haarklein zu erzählen, wie viel ich arbeite, habe ich meinen Chef gefragt, was für ihn der entscheidende Knackpunkt an meiner Arbeit sei. Er hat ohne Zögern geantwortet, das Managen von Terminen und Gesprächen sei für ihn absolut notwendig. Dann sagte ich ihm, dass ich für das Wichtige gern weiterhin zuständig bin. Aber für alle anderen Dinge, vor allem für die Schreibarbeiten, brauchen wir eine weitere Mitarbeiterin. Der Nutzen, den er davon hatte, lag auf der Hand. Ich könnte mich besser auf das konzentrieren, was ihm wichtig war, und ihn noch mehr entlasten. Das hat ihn schließlich überzeugt. Nach einigem Hin und Her lenkte er ein. Ich bekam eine Kollegin und kann seitdem sehr viel entspannter arbeiten.«

Wenn Sie clever arbeiten wollen, dann sorgen Sie dafür, dass Sie genügend Freiraum haben. Befreien Sie sich, so weit wie möglich, von Machtspielchen, hierarchischen Zwängen und anderen Bremsklötzen. Damit vergeuden Sie nur Ihre Zeit und Energie. Auch hier gilt:

> Weniger ist mehr. Weniger Getue und weniger Anpassung, mehr Konzentration auf das, was wirklich wichtig ist.

MÜHELOS MIT DEM KNACKPUNKT ARBEITEN

Praxistipps

Ich habe keine Ahnung, vor welchen Aufgaben und Problemen Sie gerade stehen. Vielleicht wollen Sie Ihr Badezimmer von Grund auf renovieren oder sich mit einer Geschäftsidee selbstständig machen. Einen Garten anlegen oder beruflich aufsteigen.

Damit Sie den richtigen Dreh entdecken, habe ich für Sie eine ausführliche Knackpunkt-Jagd-Liste zusammengestellt. So können Sie Ihr Denken in die richtigen Bahnen lenken. In Richtung einer mühelosen, eleganten Lösung.

Ich habe die Liste so entworfen, dass Sie sie für alle möglichen Arbeiten benutzen können. Wahrscheinlich passt einiges von der Liste zu dem, was Sie gerade vorhaben. Anderes betrifft Sie im Moment nicht. Suchen Sie sich das heraus, was für Ihre Aufgabe geeignet ist.

Erfolg heißt, das Wesentliche passgenau zu verwirklichen.

Legen Sie fest, welches Ergebnis Sie erreichen wollen

⭐ Wenn Sie eine Bahnfahrt antreten, haben Sie zumindest eine grobe Richtung, in die Sie fahren wollen. Oft sogar einen konkreten Zielbahnhof. Um den richtigen Dreh zu finden, ist es sinnvoll, wenn Sie zumindest eine vage Vorstellung davon haben, was am Ende dabei herauskommen soll.

Zielen Sie ins Zentrum

⭐ Konzentrieren Sie Ihr Denken auf das, worauf es im Kern ankommt. Zielen Sie ins Schwarze. Suchen Sie nach dem entscheidenden Clou, der die Sache voranbringt. Was ist das Wesentliche, das zum Erfolg führt?

Visualisieren Sie Ihre Ideen

⭐ Gute Ideen verfliegen so schnell wie Schall und Rauch. Schreiben oder malen Sie deshalb Ihre Einfälle auf, zum Beispiel in einer Knackpunkt-Übersicht oder mit einem Mindmap.

Suchen Sie nach Abkürzungen

⭐ Was ist das Einfache, durch das Sie leichter zum Ziel kommen? Suchen Sie nach dem Faktor, der alles andere erleichtert. Gibt es eine Maßnahme, durch die Sie sich die langwierige Ochsentour ersparen können?

Finden Sie Unterstützer

⭐ Überlegen Sie bei größeren Aufgaben, wer Sie dabei unterstützen kann und welche Arbeiten Sie an andere Menschen delegieren können.

Entdecken Sie den Gebrauchswert

⭐ Finden Sie heraus, was Sie selbst oder die Leute, für die Sie arbeiten, wirklich brauchen und nützlich finden. Hüten Sie sich vor der Ich-weiß-schon-Bescheid-Arroganz. Werden Sie absichtlich naiv und neugierig. Stellen Sie Fragen und hören Sie gut zu. Was brauchen Ihre Leute? Was brauchen Sie selbst?

Seien Sie neugierig auf Rückmeldungen

⭐ Führen Sie immer wieder einen Warentest durch. Prüfen Sie, wie Ihre Leistungen oder Ideen ankommen. Suchen Sie sich gute Kritiker. Bitten Sie Ihre Leute (Vorgesetzte, Kunden, Teilnehmer, Zuhörer, Klienten etc.) um Rückmeldung, wenn Sie eine Arbeit abgeliefert haben.

Vertiefen Sie das Wesentliche, entfernen Sie das Überflüssige

⭐ Meißeln Sie erbarmungslos alles weg, was unnötig ist. Und vertiefen Sie das, was brauchbar und nützlich ist. Ihre besten Ratgeber sind diejenigen, die am Schluss Ihre Arbeit in Empfang nehmen.

Nutzen Sie jede Erleichterung

⭐ Halten Sie Ausschau nach Techniken, Maschinen und Serviceangeboten, die Ihnen eine professionelle und reibungslose Unterstützung anbieten. Falls Sie nichts Passendes entdecken, erfinden Sie etwas.

*Das Wenige,
das den Kern trifft,
ist meisterhaft.*

STRESS

ist für niemanden ein

LEBENSELIXIER.

machen Sie

RUHE ZU IHREM

Lebenselixier

und sie werden

MEHR LEISTEN

denn je.

Paul Wilson

GELASSEN @ WORK

Die meisten Menschen haben davon mehr, als ihnen lieb ist: Stress. Diese Mischung aus Druck, Anstrengung und Hektik, die dazu führt, dass wir zu viel Kaffee trinken, nachts nicht einschlafen können und immer öfter auch krank werden.
Doch gelassener leben und arbeiten, das kann durchaus klappen. Dauerstress lässt sich vermeiden. Mithilfe der Tipps und Methoden, die in diesem Buch stehen, können Sie Ihren Alltag enorm beruhigen und entspannen. Aber können wir den Stress komplett abschaffen? Nie wieder in Hektik oder unter Druck geraten? Das ist unrealistisch.

MIT STRESSSPITZEN UMGEHEN

Selbst im ruhigsten Alltag gibt es Überraschungen. Kurz vor Schluss, wenn alles schnell ausgedruckt werden soll, gibt der Drucker nur noch Fehlermeldungen von sich. Flugzeuge verspäten sich ausgerechnet dann, wenn wir einen dringenden Anschlussflug erwischen wollen. An dem Morgen, an dem wir in den Urlaub fahren wollen, zeigt sich beim Jüngsten ein juckender Hautausschlag am ganzen Körper. Mit diesem Stress werden wir fertig. Es ist eine Zeit der Anspannung, in der wir außergewöhnliche Kräfte mobilisieren. »Das Ding schaukeln« trotz aller Widrigkeiten – das ist auch ein Abenteuer. Einzelne Stressattacken können wir gut bewältigen, wenn wir dabei innerlich ruhig bleiben und den Kopf nicht verlieren. Einige Tipps, wie Ihnen das noch leichter gelingen kann, habe ich auf der nächsten Doppelseite für Sie aufgelistet.

KOPFSPRUNG ODER AUFSCHIEBEN?

Auch wenn wir noch so clever arbeiten, sie tauchen doch noch auf: Berge von Arbeit. Das kann zum Beispiel ein Umzug sein, eine Firmenfusion oder die Renovierung der Wohnung. Erstes Erkennungsmerkmal für einen Arbeitsberg ist die Hand, die über die Stirn fährt zusammen mit dem Satz: »O Gott! Ich darf gar nicht daran denken, was ich noch alles zu tun habe.« Arbeitsberge türmen sich zuerst im Kopf auf. Anschließend entstehen immer mehr Merkzettel und Listen. Jetzt können Sie zwei verschiedene Reaktionen beobachten.

»——→ Einige Menschen werden hektisch und stürzen sich kopfüber in die Arbeit, nach dem Motto: Jetzt bloß keine Zeit vertrödeln, sonst werde ich hier nie fertig. Doch dieser Kopfsprung ist nicht ungefährlich. Wer so plötzlich untertaucht, kann leicht den Blick fürs Wesentliche verlieren und seine Kraft mit Nebensächlichkeiten vergeuden.

»——→ Die zweite Reaktion ist fast das genaue Gegenteil. Angesichts der vielen Arbeit fühlen sich manche niedergeschlagen und gehen lustlos an die Sache heran. Und was macht man, wenn man eigentlich keine Lust hat? Richtig – man macht etwas anderes. Erst einmal den Schreibtisch aufräumen oder frühstücken. Dann wird die Post gelesen und anschließend ist die Zeitung dran. Ausweichmanöver. Das sieht vielleicht lässig aus, aber mit jedem Aufschieben steigt der innere Druck. Bis der irgendwann so groß wird, dass es auch zum Kopfsprung kommt.

DEN ARBEITSBERG ZERLEGEN

Gibt es eine gelassenere Art, große Berge von Arbeit zu bewältigen? Selbstverständlich! Am leichtesten ist es, wenn Sie ein wenig Abstand zu Ihrer Arbeit herstellen. Das gelingt am besten mit Papier und Bleistift. Statt vieler kleiner Merkzettel nehmen Sie ein Blatt Papier und schreiben alles auf, was zu tun ist. *Notieren Sie ganz oben den Knackpunkt oder das Ziel.* Von dort aus können Sie alle notwendigen Schritte darunter auflisten. In der richtigen Reihenfolge. Nebensächlichkeiten und Kleinkram notieren Sie am Rand. Falls die Zeit dabei eine wichtige Rolle spielt, schreiben Sie neben jeden Schritt, bis wann Sie ihn erledigen wollen. So zerlegen Sie den Berg in gehbare, kleinere Strecken. Und Sie fangen mit dem Schritt an, der als nächster dran ist. Das ist auch ein gutes Rezept gegen das Aufschieben. Sie kümmern sich nur um das, was auf Ihrer Übersicht jetzt zu tun ist. Damit verschwindet das Gefühl, vor einem riesigen Berg zu stehen. Außerdem kann sich Ihr Denken beruhigen. Sie müssen nicht mehr alles im Kopf haben. Es steht übersichtlich auf einem Blatt Papier.

Im Grunde geht es darum, das Große in kleinen Schritten Stück für Stück abzutragen. Und dafür brauchen Sie die Ausdauer eines Marathonläufers. Es nützt nichts, wenn der Läufer zu Beginn des Marathons einen Sprint hinlegt. Wichtiger ist, dass er seine Kräfte so einteilt, dass er am Schluss ins Ziel kommt.

LOCKER BLEIBEN,
WENN'S STRESSIG WIRD

1
Durchatmen

Wenn die Anspannung zunimmt, ändert sich sofort unsere Atmung. Wir atmen flacher. Wir holen weniger Luft. Aber genau jetzt braucht unser Gehirn viel Sauerstoff, um gut denken zu können. Also holen Sie Luft. Tief ein- und ausatmen und noch einmal.

2
Akzeptieren

Bauen Sie keinen Widerstand gegen das auf, was Sie tun wollen. Sie erinnern sich: Wenn Sie etwas tun, aber innerlich dagegen sind, dann wird es anstrengend für Sie. Ihr inneres Nein ist wie Sand im Getriebe. Deshalb: Schalten Sie um auf Ja. Auch wenn etwas schiefläuft, werden Sie leichter damit fertig, wenn Sie die Tatsachen akzeptieren. Wer sich innerlich dagegen auflehnt, erzeugt nur unnötige Turbulenzen. Also: erst akzeptieren, dann verändern.

3
Überblick statt hektischer Aktivität

Wenn Sie viel zu tun haben, dann hüten Sie sich vor blindem Aktionismus. Bevor Sie loslegen, klären Sie, wie das Ergebnis aussehen soll. Stellen Sie fest, worauf es wirklich ankommt, damit Sie Ihre Energie richtig einteilen können. Was ist wirklich wichtig, was nur nebensächlich? Diese kurze Planungszeit kann Ihnen viel unnötigen Kraftaufwand ersparen.

4

Ein Schritt nach dem anderen

Zerlegen Sie eine umfangreiche Arbeit in übersichtliche Aufgaben. Nehmen Sie sich nicht den ganzen Berg vor, sondern nur das, was im Moment konkret dran ist. Trennen Sie die *nächste kleine* Treppenstufe aus dem Arbeitsberg heraus. Konzentrieren Sie sich heute auf den nächsten Schritt. Die denkbar schlechteste Lösung: Bei großen Aufgaben einfach durchpowern, alles geben bis zum Umfallen. *Bevor* Sie erschöpft sind, machen Sie eine Pause.

5

Ändern, was zu ändern ist

Falls Sie unter Druck geraten, ist es Zeit, geschmeidig zu werden. Kurz zurücktreten, Abstand herstellen und in Ruhe überlegen: Was könnten Sie tun, um die Sache hinzubekommen? Wer könnte Ihnen helfen? Lässt sich das, was Sie vorhaben, *anders* erledigen?

6

Wichtigkeit runterschrauben

Das große Geheimnis der Gelassenheit lautet: »Das, was hier abläuft, kann mich nicht erschüttern, weil es nicht *so* wichtig ist.« Es ist kein Riesenunglück, Ihr Überleben ist nicht gefährdet. Es ist lediglich unangenehm. Vielleicht auch sehr unangenehm. Wie wird man mit dem Unangenehmen fertig? Halten Sie das Gefühl einfach aus. Wehren Sie sich nicht dagegen. Unangenehme Gefühle sind kein Beinbruch.

WIE SIE MEHR PERSÖNLICHE STÄRKE AUFBAUEN

Zurzeit erleben viele Menschen, dass ihr Arbeitsplatz sich verändert oder sogar bedroht ist. Immer mehr feste Jobs werden abgebaut, Stellen wegrationalisiert und Firmenbereiche ausgegliedert. Diese Veränderungen machen vielen Beschäftigten Angst. Oft führt diese Angst dazu, dass der Druck wächst und viele glauben, nur durch mehr Leistung ihren Arbeitsplatz retten zu können. Ich möchte Ihnen hier einen Weg zeigen, wie Sie der Angst und dem Druck entgegentreten können. Dabei geht es nicht darum, dass Sie sich nie wieder ängstlich fühlen. Das wäre unrealistisch. Wichtiger ist, dass Sie aus der Abhängigkeit und der Schwäche herauskommen und Ihre persönliche Stärke aufbauen. Bevor ich Ihnen zeige, wie Sie das tun können, lassen Sie uns einigen Tatsachen nüchtern ins Gesicht schauen.

DER STATUS QUO

In einer sich ständig wandelnden Wirtschaft finden Sie keinen Arbeitsplatz, der Ihnen auf Dauer Sicherheit bietet. Erst die Berufsausbildung, dann bei einer Firma angestellt werden, dort Karriere machen und bis zur Rente arbeiten – damit ist Schluss. Arbeitsplätze halten nicht mehr ein Leben lang. Und es wird auch immer schwieriger, sich am Arbeitsmarkt zu orientieren. Auch dort sind Veränderungen das Einzige, was sicher ist. Viele Jobs, in denen heute händeringend Leute gesucht werden, gab es vor einigen Jahren noch nicht. Und in vielen Berufen, die in meiner Jugend als absolut krisenfest galten, werden heute massenhaft Leute entlassen.

> *Sicherheit finden Sie nicht mehr in einem Unternehmen, sondern nur bei sich selbst.*

Ihre persönliche Stärke ist das, worauf Sie sich verlassen können. Und diese Stärke ist nicht etwas, das Sie besitzen oder nicht besitzen, sondern sie wird von Ihnen *hergestellt*. Wie das geht, möchte ich Ihnen hier kurz zeigen.

WAS SIE STARK MACHT

In der heutigen Wirtschaft sind es im Wesentlichen vier Eckpfeiler, die Sie stark machen:

1. *Ihr persönliches Kapital,*
2. *Ihre Fähigkeiten, sich selbst überzeugend zu präsentieren,*
3. *Aufbau und Pflege eines kollegialen Netzwerkes und*
4. *Ihre Gestaltungskraft.*

Alle diese vier Punkte erfordern von Ihnen ein neues Denken. Eine neue Sichtweise Ihrer Arbeitskraft. Sie sind nicht mehr ein bloßer Gehaltsempfänger, sondern ein Unternehmer in eigener Sache, sozusagen ein Ein-Frau-Unternehmen/Ein-Mann-Unternehmen. Es geht darum, die eigene Arbeitskraft als einen Produktionsfaktor zu sehen, den Sie selbst gestalten und vermarkten. Diese Sichtweise beruht nicht auf irgendeinem psychologischen Konzept, sondern ist das Ergebnis der derzeitigen ökonomischen Entwicklung. In dem neu entstandenen Informationszeitalter wurde Wissen zum entscheidenden Produktionsfaktor. Und Wissen entsteht durch Menschen, denn Maschinen können bestenfalls nur Informationen verarbeiten, aber kein Wissen herstellen. Deshalb wird auch von Humankapital gesprochen.

Wie sieht es mit Ihrem ganz persönlichen Kapital aus? Vielleicht geht es Ihnen wie den meisten Menschen: Wir haben wertvolle Fähigkeiten und Erfahrungen gesammelt, aber dieses Kapital ist uns kaum bewusst. Ändern Sie das. Jetzt haben Sie die Gelegenheit, Inventur zu machen und sich Ihre Schätze ganz genau anzuschauen.

IHR PERSÖNLICHES KAPITAL

In der heutigen Arbeitswelt sind Sie wirtschaftlich am stärksten, je mehr brauchbares Wissen Sie anzubieten haben. Dabei ist es gut möglich, dass Ihnen Ihr persönliches Kapital gar nicht bewusst ist. Daher ist es sinnvoll, dass Sie sich Ihr »Vermögen« vor Augen führen, am besten schriftlich.

IHR KNOW-HOW

Listen Sie hier alle Ihre Aus- und Weiterbildungen auf.

_____

_____

_____

Notieren Sie alle Ihre Begabungen und Talente.

_____

_____

_____

_____

_____

Welche Kenntnisse haben Sie in Ihren früheren Jobs erworben?

_____

_____

_____

Für welche Spezialitäten sind Sie jetzt zuständig?

_____

_____

_____

Vermerken Sie alle Arbeitsfelder, in die Sie sich eingearbeitet haben.

_____

_____

_____

_____

Notieren Sie alles, was Sie gerne tun und Ihnen Freude macht.

_____

_____

_____

Listen Sie Ihre kommunikativen Kompetenzen auf, die sogenannten Soft Skills.

_____

_____

_____

Beschreiben Sie Ihre Lernfähigkeit.

Machen Sie sich bewusst, was Sie begeistert. Schreiben Sie alles auf, wobei Sie sich sehr wohl fühlen.

_____

_____

_____

_____

_____

_____

IHRE DREI WEITEREN ECKPFEILER

Sich selbst überzeugend präsentieren

⭐ Nun haben Sie auf der vorherigen Seite Ihr Kapital schwarz auf weiß. Doch es reicht nicht aus, dieses Kapital einfach nur zu besitzen. Sie brauchen zusätzlich die Fähigkeit, sich selbst damit zu präsentieren – auch innerhalb der Firma oder des Umfeldes, wo Sie jetzt arbeiten. Hier spielt die Rhetorik eine wichtige Rolle. Können Sie Ihr Kapital plausibel, vollständig und treffend darstellen? Mündlich und schriftlich? Wenn Sie für Ihr Vermögen nicht die überzeugenden Worte finden, dann können andere Ihr Kapital auch nicht wertschätzen. Besonders Festangestellten ist der Gedanke, Werbung in eigener Sache zu machen, noch fremd. Früher reichte ein gut geschriebener Lebenslauf und ein ordentliches Bewerbungsgespräch aus und dann war Schluss mit der Selbstdarstellung. Heute ist Selbstvermarktung eine Daueraufgabe für alle Kapitalträger/Kapitalträgerinnen.

Ich wette, Sie haben in der Firma, in der Sie jetzt arbeiten, bereits ein Image. Sie sind dort bereits eine »Marke«. Die Frage ist nur, ob Sie Ihr Image bewusst gestaltet haben und ob es für Sie wirklich optimal ist. Hören Sie auf, darauf zu warten, wie Ihre Kollegen oder »die da oben« Sie einschätzen. Erschaffen Sie Ihr eigenes Profil.

Ein Netzwerk aufbauen und pflegen

⭐ Bauen Sie sich ein kollegiales Netzwerk auf und pflegen Sie Kontakte mit Leuten aus anderen Firmen und mit Selbstständigen, die in Ihrer Branche arbeiten. Damit lösen Sie die Fixierung auf Ihren jetzigen Arbeitsplatz und bekommen einen größeren Einblick in die Art und Weise, wie anderswo gearbeitet wird. Der Blick über den eigenen Tellerrand holt Sie aus der Enge Ihrer Erfahrungen heraus. Sie bekommen neue Ideen und Impulse, auf die Sie allein nie gekommen wären. Außerdem ist es sehr wahrscheinlich, dass Sie Ihren nächsten Arbeitsplatz durch Kontakte aus dem Netzwerk finden.

Ihre Gestaltungskraft

⭐ Ihr Arbeitsplatz ist nicht nur ein Ort, an dem Sie Geld verdienen, sondern auch der Platz, an dem Sie Ihr Kapital erhöhen. Möglicherweise gibt es für Ihren jetzigen Job eine Stellen- oder Funktionsbeschreibung, in der steht, was Ihre Aufgaben sind. Aber für Sie ist es wichtig, dass Sie auch eine *Entwicklungsbeschreibung* anfertigen und zwar für sich selbst. Sie sagen Ihrem Chef oder der Personalabteilung, in welche Richtung

Warten Sie nicht darauf, dass andere Sie entdecken.
Entdecken Sie sich selbst.
Gestalten Sie aktiv und bewusst Ihr Image.

Sie sich weiterentwickeln wollen. Sie legen für sich fest, welche Themen, Arbeitsbereiche oder Projekte für Sie interessant und lohnend sind. Das bedeutet, dass Sie immer wieder Verhandlungen führen und aufs Neue Ihre Vorstellungen einbringen. Und Ihre Verhandlungsmacht ist umso größer, je attraktiver Ihr Kapital ist, das Sie anzubieten haben.

Alle diese vier Punkte stärken Ihre Unabhängigkeit. Aber es ist Ihre Aufgabe, sich darum zu kümmern. Kein Vorgesetzter legt Ihnen das auf den Schreibtisch. Sie, und nur Sie, sind dafür zuständig, was Sie aus sich machen. Selbstverantwortung ist das Stichwort. Dabei ist das, was sich zwischen Ihren Ohren abspielt, von entscheidender Bedeutung. Denn für deprimierende Ansichten ist in dieser Stärke kein Platz. Wenn Sie schon beim Gestalten sind, dann sorgen Sie auch dafür, dass in Ihrem Kopf keine Selbstsabotage stattfindet, wie beispielsweise diese: »Mit Fünfzig gehöre ich zum alten Eisen.« »Ich bin zu jung und unerfahren.« »Als alleinerziehende Mutter werde ich

sowieso nicht weit kommen.« »Da ich kein Abitur habe, kann ich nie so eine Position bekommen.«

Alles, was Sie herabsetzt, hat in Ihrem Denken nichts zu suchen.

Kümmern Sie sich aktiv um Ihr Selbstvertrauen. Denn das ist das Fundament, auf dem Ihr Kapital steht. Sie sind kein Blatt im Wind, das von den Stürmen der Ökonomie herumgewirbelt wird. Sie sind der Wind, der seine eigene Richtung bestimmt.

Niemand verlangt von Ihnen, dass Sie Berge versetzen. Sie müssen nichts Unmögliches vollbringen. Aber Sie können in kleinen Schritten auf das zugehen, was Sie wollen und was für Sie eine passende Perspektive ist. Sie haben den Kompass in der Hand. Und Sie wählen den Kurs, den Sie verfolgen möchten.

GEZIELT GUT DRAUF SEIN

Praxistipps

Wenn wir gute Laune haben, geht uns alles leichter von der Hand. Wir schaffen mehr und fühlen uns dabei wohler, weniger ausgepowert. Gute Laune sorgt für mehr Tatkraft. Sie gibt uns den Schwung, den wir brauchen, um unbekümmert loszulegen und bis zum Schluss durchzuhalten. Wir alle kennen die Vorteile, die so eine gute Laune mit sich bringt. Aber wie wird man gut gelaunt?

Um es gleich vorweg zu sagen – gute Laune lässt sich nicht erzwingen. Aber Sie können – ohne Zwang und Druck – ganz sanft die Weichen in die richtige Richtung stellen. Besonders wichtig ist dabei Ihre Aufmerksamkeit.

Das, worauf Sie Ihre Aufmerksamkeit richten, wird für Sie wirklicher, größer und fühlbarer.

DIE AUFMERKSAMKEIT STEUERN

Wenn Sie beispielsweise Ihren miesepetrigen Gedanken viel Aufmerksamkeit geben, dann verstärken Sie diese Gedanken. Ihre Laune geht mehr und mehr in den Keller. Wenn Sie oft und lange über die Patzer und Pannen in Ihrem Alltag nachdenken und auch noch mit anderen Leuten darüber reden, dann geben Sie diesen Störungen viel Aufmerksamkeit.

Um sich besser zu fühlen, können Sie Ihre Aufmerksamkeit auf das richten, was in Ihrem Alltag gut läuft. Mithilfe dieser absichtlich gesteuerten Aufmerksamkeit bauen Sie für sich ganz einfach ein paar Gute-Laune-Tankstellen. Hier kommen ein paar Vorschläge, die Sie mit wenig Aufwand umsetzen können.

Schlechte Laune loslassen, solange sie noch klein ist

⭐ Auch die mieseste Stimmung hat irgendwann mal anfangen. Und genau da können Sie die Sache sofort beenden. Stoppen Sie die miese Stimmung, wenn sie sich anbahnt. Sie merken, dass Sie gerade innerlich über etwas oder jemanden schimpfen? Lassen Sie diese Gedanken los. Ziehen Sie Ihre Aufmerksamkeit davon ab. In dem Moment, in dem Sie sich dabei ertappen, wie Sie sich in Ihre schlechte Laune reinsteigern, hören Sie damit auf.

Positive Blickpunkte

⭐ Wenn wir die Schönheit sehen, die uns berührt, bekommen wir Zugang zu einer höheren Dimension des Lebens. Umgeben Sie sich mit den Bildern, die Ihnen Freude und Schönheit vermitteln. Setzen Sie überall positive Blickpunkte: zu Hause, im Büro, auf Ihrem Smartphone, auf Ihrem Computer, in Ihrer Aktentasche. Und schauen Sie sich diese an, wenn Sie sich mies fühlen.

Tragen Sie Ihre Brille des Gelingens

⭐ Achten Sie bewusst auf das, was in Ihrem Leben gerade jetzt wie von selbst funktioniert. Kommt das Wasser aus dem Wasserhahn, der Strom aus der Steckdose? Haben Sie genügend zu essen, Kleidung, die Sie anziehen können, und ein Dach über dem Kopf? Können Sie gehen und reden? Das gehört zu den Selbstverständlichkeiten, die dafür sorgen, dass Sie im Moment gut leben können. Und genau das sind sehr viele gute Gründe, sich zu freuen und Dankbarkeit zu entwickeln. Dankbarkeit ist eine wunderbare Tankstelle für gute Laune!

Achten Sie darauf, was Ihnen alles reibungslos gelingt. Angefangen bei Ihrem aufrechten Gang über die Fähigkeit, sich die Schuhe anzuziehen, bis hin zu all den vielen Tätigkeiten, die Sie für so normal halten, dass Sie sie nicht mehr beachten. Ja, es gibt tausend Selbstverständlichkeiten, die Sie problemlos hinbekommen. Dieses Gelingen gehört in die Bilanz Ihres Alltags. Wie wäre es, wenn Sie viel mehr auf die tausend Dinge achten, die einfach gut funktionieren, anstatt nur das Wenige zu vergrößern, das gerade nicht so rund läuft?

Bussi für den Brummbären

⭐ Nun ist es doch passiert: Sie haben einen schlechten Tag erwischt und Sie sind mies drauf. Gibt es jetzt noch einen Weg, um aus dem Tief wieder rauszukommen? Ja, Sie können das Ruder noch rumreißen, indem Sie Ihre schlechte Laune ganz und gar akzeptieren. Sagen Sie innerlich Ja zu Ihrer miesen Stimmung und öffnen Sie sich für dieses Erlebnis. Umarmen Sie Ihren inneren Schlechte-Laune-Brummbär und geben Sie ihm einen dicken Schmatz. Ihr warmherziges Okay holt Sie aus dem Stimmungstief.

Und dann muss man
ja immer noch
ZEIT HABEN,
einfach
DAZUSITZEN
und vor sich
HINZUSCHAUEN.

Astrid Lindgren

Drittes Kapitel

Fit fürs Faulenzen: Wie Sie durch Nichtstun Ihre Leistungsfähigkeit erhalten

In diesem Kapitel erfahren Sie

Warum es wichtig ist, hin und wieder alles
abzuschalten und sich zurückzuziehen

Wie Sie es schaffen, ungestört zu arbeiten

Warum Sie durch Muße Ihre Leistungsfähigkeit
steigern können

Wie Sie sich Zeit fürs
Däumchendrehen reservieren

Wie Genuss Sie wirklich
reich machen kann

AUSSCHALTEN!

Handy aus, Radio aus, Fernseher aus, keine E-Mail lesen, Computer aus, Schluss mit Faxen, die Post wird später gelesen. Alles abschalten. Je mehr wir verkabelt und vernetzt sind, desto wichtiger wird das Ausstöpseln. Nicht ständig erreichbar zu sein ist eine Kunst und ein echter Luxus. Und daran zeigt sich unsere persönliche Macht.
Haben wir die Herrschaft über die Geräte oder beherrschen die Geräte uns? Reagieren wir auf jedes Handyklingeln wie ein Hund auf das Pfeifen seines Herrchens? Müssen wir alle E-Mails sofort lesen?

»⟶ Was früher einmal als Erleichterung anfing, ist für viele Menschen eine Fessel geworden. Telefon, Fax, Mailboxen, Anrufbeantworter, Internet, soziale Netzwerke, Fernsehen, Radio – das sind die Türen, durch die uns die Welt jederzeit erreichen kann. Manche Menschen kriegen die Türen nicht mehr zu. Sie sind ständig mit dem beschäftigt, was die Welt von ihnen will, mit den Angelegenheiten anderer Leute. Wer ständig erreichbar ist, hat viel Ande-

rer-Leute-Zeug in seinem Leben. Und läuft damit Gefahr, kaum noch zu seinen eigenen Sachen zu kommen.
Durch Smartphones und die Möglichkeit, seine E-Mails überall zu empfangen, gibt es für viele Menschen keinen Abstand mehr zur Arbeit. Überall erreichbar sein hat Vorteile, vor allem, wenn es um etwas Dringendes geht. Aber jeder weiß, dass es den Handys vollkommen egal ist, wofür sie benutzt werden. Bei unachtsamem Gebrauch stören sie, lenken ab und kosten Nerven.

»⟶ Früher waren ein Handy und ein schneller Internetzugang echte Prestigeobjekte, die man voller Stolz vorzeigte. Damit ist es auch vorbei. Jedes zweite Schulkind drückt auf dem Heimweg auf einem Smartphone herum und online sein ist in vielen Firmen zur Pflicht geworden. Ein junger Unternehmensberater: »Ich arbeite bei einer renommierten Unternehmensberatung und es wird selbstverständlich von der Zentrale erwartet, dass ich jederzeit erreichbar bin. Auf dem Weg zum Kunden, beim Kunden und auf dem Rückweg sind wir übers Internet mit der Firma verbunden. Vom Hotelzimmer aus werden abends die Daten hin und her geschickt. Bei uns ist der gewöhnliche Berater ein On-line-Knecht und hängt an der langen Leine. Nur wer in der Firma auf einem Chefsessel sitzt, kann es sich leisten, mit nichts weiter als einem silbernen Kugel-schreiber auf Reisen zu gehen. Nicht erreichbar zu sein ist ein Privileg, das man sich erst verdienen muss.«

DER KAMPF UM IHRE AUFMERKSAMKEIT

Der neue Luxus besteht darin, nicht ständig online sein zu *müssen*, es sich leisten zu können, alles abzuschalten und unterzutauchen. Dieses Abschalten brauchen wir, um das Eigene in die Welt zu setzen. An etwas Wichtigem arbeiten, einen Knackpunkt jagen oder ein gutes Gespräch führen – das geht nur, wenn es störungsfreie Zeiten gibt. Zeiten, in denen der Rest der Welt Sie nicht erreichen kann. Denn letztlich kämpfen alle um Ihre Aufmerksamkeit. Überall

sollen Sie etwas kaufen, hinsehen, zugreifen, mitmachen. Alle Medien versuchen Sie einzuspannen. Ihre Aufmerksamkeit ist Voraussetzung, damit andere Geld verdienen können. Und weil alle um Ihre Aufmerksamkeit kämpfen, wird das Geschrei auch immer schriller und aufdringlicher. Wir werden zugeschüttet mit krassen Bildern und dramatischen Versprechungen. Bei dieser Informationsflut ist eine Kompetenz enorm wichtig:

die Fähigkeit, die eigene Aufmerksamkeit gezielt dorthin zu lenken, wo sie Ihnen nützt.

Sich nicht im Sensationsgeschrei zu verlieren, sondern die eigenen Interessen an die erste Stelle zu bringen. Das Motto »Ich zuerst« gilt auch hier. Der bequems-te Umgang mit der wilden Welt der Information besteht darin, gezielt abzuschalten.
Ganz bewusst die Tür zuzumachen.

UNGESTÖRTE ZEITEN

Ich hätte nie ein Buch geschrieben, wenn ich ständig erreichbar gewesen wäre. Beim Schreiben schotte ich mich ab. Tagsüber bin ich mindestens für vier Stunden nicht ansprechbar. In dieser Zeit ist es mir egal, was andere von mir wollen. Da zählt nur das, was ich will. Die wilde Welt der Information muss warten, bis ich mich ihr zuwende. In dem Zimmer, in dem ich Bücher schreibe oder Seminare vorbereite, gibt es kein Telefon, kein Fax, kein Internet. Wenn ich die Tür zumache, herrscht Ruhe. Wer mich kennt und mit mir zusammenarbeitet, hat sich darauf eingestellt. Ich beantworte alle Anfragen und schicke Grüße in die weite Welt – aber zu meiner Zeit. Damit frustriere ich nur die Hektiker, bei denen es immer »dringend« ist. Alle anderen respektieren meine Arbeitsweise.

Am Anfang hat mich dieses Abschotten etwas Mut gekostet. Es geht nur, wenn wir selbstsicher sind. Sicher genug, um darauf zu vertrauen, dass wir nichts verpassen. Dass uns keine wichtigen Kunden abhandenkommen und wir keine Aufträge verlieren. Dass keine Katastrophen passieren, wenn wir nicht ans Telefon gehen. Sich abschotten ist nichts für Angsthasen. Allerdings wächst die Selbstsicherheit, wenn wir merken, dass durch den Rückzug mehr Qualität entsteht. Wir können konzentrierter arbeiten, genießen unsere ungestörte Freizeit. Statt alles auf einmal zu erledigen, haben alle Dinge ihren Zeitraum gefunden.

Wenn Sie beruflich und privat sehr eingespannt sind, kann es sein, dass Sie es schwierig finden, sich unerreichbar zu machen. Wahrscheinlich glauben Sie, dadurch den Kontakt zu verlieren oder andere zu enttäuschen. Tatsächlich aber sind störungsfreie Zeiten ein Gewinn. Ihr Alltag wird produktiver und einfacher. Sie sind mehr bei der Sache und weniger zerstreut.

DREI GUTE GRÜNDE, UM DEN AUSKNOPF ZU DRÜCKEN

Langfristige Ziele verfolgen

⭐ Gute Ideen und packende Projekte sind wie eine tiefe Liebe. Sie dulden keine Nebenbuhler. Alle großen Werke sind durch ungeteilte Aufmerksamkeit entstanden. Jede Unterbrechung bedeutet, dass Sie in etwas anderes verwickelt werden. Etwas, das Sie vom Wesentlichen ablenkt. Sorgen Sie für ablenkungsfreie Zeiten, in denen Sie sich ungestört Ihrer großen Liebe widmen können.

Arbeiten zu Ende bringen

⭐ Wer sich ständig unterbrechen lässt, erstickt irgendwann in angefangenen Arbeiten und unvollendeten Aufgaben. Alle halben Sachen kreisen im Kopf herum. Eine lange Aufgabenliste frisst sich im Gehirn fest und sorgt für Daueranspannung. Hier fehlt eine eindeutige Abgrenzung. Tür zu und ein gut lesbares »Bitte nicht stören«-Schild können Wunder wirken.

Weniger Geschwafel

⭐ Immer ansprechbar zu sein fördert das Herumlabern. Wenn Sie ständig erreichbar sind, ermuntert das andere, davon Gebrauch zu machen. Mit Ihnen kann man schwatzen, wenn einem danach ist. Und so landet der Gedankensalat anderer Leute bei Ihnen. Da hilft nur eins: Legen Sie knappe Sprechzeiten fest, damit die Leute auf den Punkt kommen.

Sie bestimmen, wer zu welchem Zeitpunkt Ihre Aufmerksamkeit bekommt. Das gilt für den Beruf ebenso wie für das Privatleben. Sie können Ihre Kollegen und Vorgesetzten daran gewöhnen, dass Sie zu bestimmten Zeiten ungestört arbeiten wollen.

Wie Sie das zu Hause machen, hängt davon ab, ob Sie Kinder haben und wie klein die noch sind. Für viele Frauen ist es immer noch etwas schwerer, sich Auszeiten herauszunehmen. Eine Mutter dazu: »Ich liebe meine Kinder, aber ich brauche auch Zeit für mich. Sonst werde ich langsam, aber sicher giftig. Also haben mein Mann und ich eine Regelung gefunden, sodass ich mich einmal am Tag zurückziehen kann. Es hat ein paar Monate gedauert, bis meine Kinder sich daran gewöhnt hatten, dass ihre Mama zwar im Haus ist, aber nicht gestört werden will.«

DIE KUNST, NICHT ERREICHBAR ZU SEIN

1

Geben Sie sich selbst die Erlaubnis

Sich zu bestimmten Zeiten zurückzuziehen ist nicht herzlos oder egoistisch, sondern professionell. Damit sorgen Sie dafür, dass Ihr Geben und Ihre Leistungen auf einem hohen Niveau bleiben.
Das gilt im Besonderen für Mütter.

2

Legen Sie Zeiten fest, in denen Sie sich zurückziehen

Bestimmen Sie selbst, wann Sie sich abschotten. Und warten Sie damit nicht, bis es mal »günstig ist« oder »sich ergibt«. Da könnten Sie Pech haben und bis zum Renteneintritt warten. Wer viel um die Ohren hat, braucht täglich seine Rückzugszeit. Gewöhnen Sie Ihre Mitmenschen daran.

3

Ein Platz zum Ausspannen

Gehen Sie raus aus dem Trubel und suchen Sie sich einen Ort zum Relaxen. Egal, ob es nun Ihre Garage, ein verträumtes Bushaltestellenhäuschen oder Ihr Badezimmer ist – Hauptsache Sie können sich dort gut erholen. Manchmal sind auch Spaziergänge oder das Herumfahren mit dem Fahrrad eine gute Möglichkeit, abzuschalten.

4

Lassen Sie Ihr Handy öfter zu Hause

Wenn Sie mal unerreichbar sind, bricht
nicht alles gleich zusammen.
Nehmen Sie Ihr Handy gezielt mit,
wenn es wirklich Sinn macht. Ansonsten
gehört es in die Schublade. Mein
Lieblingsdialog zum Thema Mobil-
telefonie: »Ich hab die letzten drei
Tage ständig versucht, dich auf deinem
Handy zu erreichen.
Du bist nie rangegangen.«
»Oh, tut mir leid. Ich war unterwegs.«

5

Keine Dauerberieselung

Eine neue Art geistiger Fitness:
Informationshygiene. Sich gezielt
informieren, statt dauernd berieselt
zu werden. Trennen Sie die Spreu
vom Weizen und stellen Sie den
überflüssigen Infoquark ab. Internet,
Fernsehen und Radio bewusst
an- und abschalten.

6

Abstand herstellen

Briefkasten und Anrufbeantworter
sind gute Puffer, mit denen Sie Distanz
schaffen können. Sie bestimmen, wann
Sie sich mit den Botschaften anderer
Leute beschäftigen wollen. Auch hier
hilft es, wenn Sie die Arbeit bündeln.
Legen Sie einen Zeitraum fest,
um Telefonanrufe abzuhören,
Briefe und Mails zu
beantworten.

VORSICHT, BURNOUT-GEFAHR

Manfred litt unter einer Schreibblockade. Als Redakteur in einer kleinen Tageszeitung schrieb er Meldungen und Artikel über das, was in der näheren Umgebung los war. »Klatsch, Tratsch und kleine Skandale«, sagt Manfred, »davon lebe ich«. Er war schon fast zehn Jahre lang Journalist und verkörperte ein wenig den Typ des rasenden Reporters. Viel Kaffee, Drei-Tage-Bart, wehender Trenchcoat, immer auf der Jagd nach Neuigkeiten. Und er war überarbeitet.

»Ich habe mit dem Lokalteil angefangen, aber mittlerweile mache ich auch die Fernsehseite und den Sport.« Manfred gehört zu den dienstältesten Redaktionsmitgliedern. Und wie ein dehnbares Gummiband gleicht er jeden Personalnotstand aus. »Die Zeitung muss raus. Jeden Tag«, erklärt er. Das klappt auch, aber seit einiger Zeit hat er diese Schreibblockade. »Ich sitze vor dem Bildschirm und komme nicht voran. Mein Kopf ist leer und mir fallen einfach keine Sätze ein.« Natürlich weiß Manfred, woran das liegt. Niemand muss ihm sagen, dass er zu viel arbeitet. Er durchschaut das alles. Trotzdem ist es schwer für ihn, sich Erholung zu verschaffen. Im Laufe der Jahre hat er sich völlig mit seinem Job identifiziert. Er ist mit ihm verschmolzen. Und deshalb konnte Manfred auch nach Dienstschluss nie richtig abschalten. Wenn er zufällig abends in der Kneipe hörte, dass der Trainer vom örtlichen Sportverein ausgewechselt wird, überlegte er sich dazu eine Überschrift. Dieses ständige Im-Job-Sein hat seinen Preis. Sein Privatleben war verkümmert, und nun nahm auch noch seine Leistungsfähigkeit ab.

ACHTUNG, WARNSIGNAL!

Hier kommen die häufigsten Alarmzeichen, die anzeigen, dass Sie zu viel arbeiten.

Das Süchteln nimmt zu

⭐ Sie greifen öfter als gewöhnlich zur Zigarette. Sie trinken häufiger ein oder zwei Gläser von Ihrem alkoholischen Lieblingsgetränk, um zu entspannen. Sie essen mehr Süßigkeiten als sonst, trinken mehr Kaffee, um munter zu bleiben.

> *Wenn wir über einen zu langen Zeitraum keine richtige Erholung finden, beginnen Körper und Seele damit, uns Störungsmeldungen zu schicken. Warnsignale, die uns zeigen: »Achtung, hier stimmt etwas nicht«. Oft sind es nur kleine Fehlleistungen, ein leichtes Unwohlsein, eine zunehmende Gereiztheit. An sich kein Grund zur Sorge und deshalb werden diese Miniplagen auch häufig übersehen. Man hat eben einen schlechten Tag oder ist mit dem falschen Fuß aufgestanden oder schiebt die Schuld aufs Wetter. Aber diese kleinen Störungen sind wertvolle Hinweisschilder, die uns zeigen, dass wir unser Gleichgewicht verlieren und in eine krankmachende Einseitigkeit rutschen.*

Schlafprobleme

⭐ Das Einschlafen fällt Ihnen zunehmend schwer. Sie liegen wach, die verschiedensten Gedanken rasen Ihnen durch den Kopf. Wenn Sie nachts aufwachen, dreht sich das Gedankenkarussell weiter und Sie können nur schwer wieder einschlafen. Morgens wachen Sie gerädert statt erholt auf.

Das Verständnis für andere nimmt ab

⭐ Sie merken, dass Sie sich über Seltsamkeiten anderer Leute leichter aufregen. In entspannten Zeiten konnten Sie solche Macken einfach übersehen. Wenn Ihnen die nötige Erholung fehlt, reagieren Sie schneller gereizt, vor allem, wenn etwas nicht klappt oder andere zu langsam sind.

Mangelnde Aufmerksamkeit

⭐ Sie merken, dass Sie häufiger zerstreut sind. Mitten im Gespräch stellen Sie fest, dass Sie nicht zugehört haben, weil Sie mit den Gedanken anderswo waren. Sie suchen Ihre Haustürschlüssel und wissen nicht mehr, wo Sie die Kreditkarte gelassen haben. Während Sie darüber nachdenken, sind Sie mit dem Auto falsch abgebogen. Flüchtigkeitsfehler nehmen zu.

Die Genussfähigkeit nimmt ab

⭐ Sie sind auf das fixiert, was Sie zu tun haben, die kleinen Freuden am Wegesrand lassen Sie links liegen. Alles dreht sich nur noch darum, dass Sie Ihr Pensum schaffen. Das Schauen, Spüren, Genießen fällt ganz leise aus Ihrem Alltag heraus. Und wenn Sie Zeit haben, dann rüsten Sie sich dafür, am nächsten Tag Ihr Pensum zu schaffen.

KEIN RÄDCHEN IM GETRIEBE SEIN

Zu viel Job und zu wenig Ausgleich führen nicht zum Erfolg, sondern ins Aus.

Die Medizin dagegen ist schlicht und unkompliziert: die Identifikation mit der Arbeit auflösen. Nicht gleich den Job kündigen, aber wieder eine eigenständige Person werden. Eine Person, die einen Job *hat*, aber nicht ihr Job *ist*. Für Manfred hieß das, sich täglich aufs Neue vom Journalistendasein zu lösen und nach der Arbeit wirklich Feierabend zu machen. Was Manfred fehlte, war das Nichtstun. Sein Tag bestand aus Machen. Er lieferte Leistung ab, aber es gab nicht genügend leistungsfreie Zeit. Dabei bedeutet Nichtstun nicht unbedingt, keinen Finger mehr zu rühren, sondern nur ohne Druck und ohne Leistungszwang zu sein. Nichts produzieren und kein Rädchen mehr im Getriebe sein.

Manfred nahm die Schreibblockade als Warnsignal ernst. Er brauchte ein Gegengewicht zu seiner Arbeit. Nachdem er das erkannt hatte, entwickelte er seine ganz eigene Art des Nichtstuns. Er fing wieder an, Schlagzeug zu spielen. Bevor er seine Stelle als Redakteur antrat, hatte er zwei Jahre lang mit Freunden Musik gemacht. Später, als er bis zum Hals in Arbeit steckte, hatte er seine Leidenschaft aus den Augen verloren. Aber jetzt fing er wieder an zu spielen und er nahm Kontakt zu seinen alten Freunden auf. Mit anderen Musik zu machen war immer noch etwas, was er von Herzen gern tat. Hier musste er nichts abliefern und nicht viel denken. Musik war für Manfred genau das Gegenteil von dem, was sein Beruf von ihm forderte. Als er wieder Rhythmus im Blut hatte, verschwand seine Schreibblockade – einfach so. Und er hatte wieder ein Privatleben. Das war dann auch der Grund dafür, dass er in der Redaktion öfter Nein sagte. Er war nicht mehr dehnbar wie ein Gummiband und er glich nicht mehr selbstverständlich jeden Personalnotstand aus. Das führte zu Auseinandersetzungen mit Kollegen und dem Chefredakteur. Diese Konflikte waren für Manfred schwer zu ertragen. Aber als Journalist mit einer Schreibblockade zu arbeiten war für ihn noch viel schwieriger gewesen.

NICHTSTUN GEHÖRT IN DEN TERMINKALENDER

Es gibt immer noch ein Vorurteil beim Thema Nichtstun und das lautet: Durch Nichtstun kommt nichts zustande.

»Nichts tun bedeutet in der Tat, etwas sehr Wichtiges
zu machen. Es gestattet dem Leben, sich zu ereignen – Ihrem Leben.
Nichts tun ist etwas wirklich Grundsätzliches.«

David Kundtz

Nichtstun würde angeblich »nichts bringen«. Das ist vollkommen falsch. Ohne lange Zeiten des Nichtstuns hätte ich dieses Buch nie geschrieben. Jedes meiner Bücher und jedes Seminarkonzept entsteht aus einer Erholungspause heraus. Das sind Zeiten, in denen ich einfach ins Blaue hinein lebe, ohne etwas leisten oder etwas Besonderes zu wollen. Vertrödelte Stunden, bummelige Tage. Lange Liegezeiten auf dem Sofa, spazieren gehen und herumsitzen im Café. Zeiten, in denen meine Kreativität eine Wellnesskur macht und mein Wissen das Weite sucht. Wenn die beiden ausgeruht sind, kommen mir die guten Ideen wie von selbst.

Dieses Nichtstun nenne ich auch »Arbeitszeit«, denn es ist die Grundlage dafür, dass mir etwas Neues einfällt. Selbstverständlich gibt es dafür einen Platz in meinem Terminkalender. Zu dieser Zeit bin ich ausgebucht und nicht erreichbar. Klar, ich könnte mehr arbeiten und die freien Tage mit Terminen besetzen. Aber dann würde ich den Ast absägen, der mich ernährt. Andauernde Geschäftigkeit wäre der Tod meines schöpferischen Denkens.

Unser Geist, unsere Intelligenz lassen sich nicht ausbeuten wie ein Bergwerk. Der Journalist, der unter einer Schreibblockade leidet, weiß das. Ebenso der Werbetexter, dem nichts mehr einfällt.

Zu viel Tun lässt unsere Inspiration verkümmern.

GENUG ZEIT FÜRS NICHTSTUN

Praxistipps

Wenn Sie mit weniger Arbeit mehr errei-chen wollen, brauchen Sie immer wieder Abstand zu dem, was Sie tun. Besinnungs-zeit. Nichtstun gehört deshalb in den Tagesablauf. Tragen Sie die Erholungs-pausen am besten in Ihren Terminkalen-der ein. Mit einem dicken Filzstift. Hier sind drei Vorschläge von mir für Ihre täg-liche Verabredung mit dem Müßiggang.

Däumchen drehen

⭐ Tragen Sie in Ihren Terminkalender häufiger ein DD für »Däumchen drehen« ein. Setzen Sie das Doppel-D zwischen zwei wichtige Termine. So bekommen Sie den nötigen Abstand von einer Aktivität und können sich leichter auf die nächste einstellen. Nehmen Sie sich für jedes Doppel-D zehn bis zwanzig Minuten Zeit.

Das Meeting mit der Stille

⭐ Legen Sie täglich eine Konferenz fest, die Sie nur mit sich selbst abhalten. Eine Verabredung mit dem Nichtstun. Einziger Tagesordnungspunkt: die Gedanken zur Ruhe bringen. Setzen Sie

sich bequem hin und gucken Sie den Wolken nach. Lassen Sie die Gedanken einfach dahinplätschern, ohne sich darum zu kümmern.

Die Zeit anhalten

⭐ Wo immer Sie gerade sind, tauchen Sie in die Gegenwart ein. Lassen Sie alle Gedanken los, die sich mit der Vergan-genheit oder Zukunft beschäftigen. Schweifen Sie nicht in die Ferne. Stellen Sie fest, was *jetzt* da ist. Erleben Sie diesen Augenblick. Genießen Sie den Moment und öffnen Sie Ihre Sinne. Schauen Sie sich um. Fühlen Sie Ihren Körper. Lauschen Sie dem Sound der Straße. Schnuppern Sie mal: Welchen Geruch hat das Jetzt?

Nichtstun ist das Tor, das zum Genuss führt. Und Genuss ist wirklicher Reichtum. Letztlich ist Genuss der Grund, warum Menschen so viel Geld verdienen wollen. Sie möchten sich davon tolle Sachen kaufen, weil sie hoffen, dass sie damit das Leben wirklich genießen können. Leider oft ein Irrtum.

NUR NOCH GENIESSEN

Übung

Genießen – darauf läuft das ganze Reichsein-Wollen hinaus. Mit allen Sinnen das Leben auskosten. Für dieses Ziel nehmen viele Menschen eine Menge Schinderei auf sich. Sie legen sich krumm, um das Geld dafür zu verdienen. Aber wir können auch ohne diese Anstrengung sofort genießen. Hier eine simple Übung dazu.

»——→ Wechseln Sie ins Nichtstun und dann machen Sie sich reich. Beispielsweise so: Greifen Sie sich eine Tüte Chips oder Ihre Lieblingsschokolade und essen Sie jedes Stück ganz bewusst. Schmecken Sie jeden Bissen, so als wäre es der erste in Ihrem Leben. Das geht auch mit Karotten und Bananen, aber mit sündigen Lebensmitteln, die nicht in die Diätpläne passen, macht es einfach mehr Spaß.

»——→ Bleiben Sie achtsam und lassen Sie sich nicht ablenken. Genuss braucht eine gewisse Langsamkeit, eine entspannte Ruhe. Sie müssen nicht alles aufessen, aber Sie brauchen sich auch nicht ein-

zuschränken. Es gibt nichts zu erreichen. Kosten Sie einfach den Genuss voll aus.

Das Gleiche können Sie auch mit anderen Tätigkeiten ausprobieren. Es kommt nicht so sehr darauf an, was Sie tun, sondern wie Sie es tun. Achtsamkeit ist wichtig. Die Fähigkeit, mit allen Sinnen dabei zu sein. Diesen Augenblick des Vergnügens ganz und gar zu erleben.

Falls Sie mich fragen, wie viel Genuss man sich auf diese Weise gönnen sollte, lautet meine Gegenfrage: Wie reich wären Sie denn gerne?

AUSRUHEN OHNE SCHULDGEFÜHLE

Jeder von uns hat sein ureigenes Leis-
tungsvermögen und sein individuelles
Bedürfnis nach Erholung. Was Kollegen
oder Freunde leisten oder nicht leisten, ist
für uns kein Maßstab. Streichen Sie den
Satz: »Das muss ich schaffen, andere
schaffen das doch auch.« Es gilt vielmehr:
Vergleich dich nicht mit den anderen,
sondern erkenne dich selbst. Selbster-
kenntnis ist der Knackpunkt, wenn es um
die richtige Balance zwischen Arbeit und
Entspannung geht.

Selbsterkenntnis heißt, dass wir aufmerksam werden für unseren Körper, für
unsere Stimmung und für die Gedanken,
die wir uns machen. Finden Sie heraus,
an welchem Punkt eine Arbeit anstrengend wird und was Ihnen hilft, um sich
gut davon zu erholen.
Zum Beispiel bei der Computerarbeit:
Wann haben Sie lange genug vor dem
Bildschirm gesessen? Merken Sie das an
den Verspannungen in Ihren Schultern?
Oder strengen Sie Ihre Augen zu sehr
an? Werden Sie unkonzentrierter und
machen Sie mehr Fehler? Welche Art
von Pausen tut Ihnen gut? Ist es für Sie

besser aufzustehen und sich zu bewegen
oder sich hinzulegen und die Augen zu
schließen?

Finden Sie heraus, wann etwas für
Sie zu viel wird, und haben Sie den
*Mut, sich **nicht** zu überanstrengen.*
Folgen Sie Ihrem eigenen Leistungs-
vermögen. Falls Sie vor der Entschei-
dung stehen, ob Sie lieber eine Pause
einlegen oder durchpowern sollen,
dann denken Sie an diese beiden
Worte: Ich zuerst.

MÜSSIGGANG LÄDT DIE BATTERIEN AUF

Um in einer Leistungsgesellschaft
bewundert zu werden, legt man sich am
besten ein kerniges Image zu. So etwas
wie »Ich strotze vor Energie und
Tatendrang«. Das kommt an. Aber wenn
alle so hyperaktiv herumlaufen, ist es
schwierig, sich für den Müßiggang zu
entscheiden. Deshalb verstecken viele

Menschen ihr Nichtstun und verschweigen, dass sie manchmal total abschlaffen. Wenn überhaupt, wird darüber nur mit ganz engen Freunden geredet.

Wenn über das Ausspannen so selten gesprochen wird, entsteht ein falscher Eindruck. Man bekommt schnell das Gefühl, dass alle anderen nimmermüde Aktivisten sind, aber man selbst verbummelt die Zeit. Hinzu kommt, dass selbst die Erholung nicht frei von Status- und Prestigedanken ist. Wenn die Powertypen mal ausspannen, dann ist es exklusiv und »bringt was«. Das Supersein setzt sich auch in der Freizeit fort. Nicht einfach im Sommer am Baggersee liegen, sondern ein Kurztrip nach Südfrankreich, weil es dort die besten Thalasso-Kuren gibt. Und da wird auch nicht im Liegestuhl auf der Terrasse gedöst, sondern ein Meditationsretreat in Finnland besucht.

Nichts gegen tolle Reisen, aber in diesem Buch geht es um das Einfache. Das, was Sie jederzeit vollkommen mühelos für sich tun können, ohne Schuldgefühle und ohne hohe Nebenkosten. Es sind die kleinen Ruhepausen, die jeder von uns sofort in seinen Alltag einbauen kann – ohne großen Aufwand. Denn das, was leicht zu machen ist, wird auch tatsächlich im Alltag umgesetzt.

Ich liebe diese einfachen Vergnügungen, mit denen wir unsere Batterien wieder aufladen. Nun sind Menschen sehr verschieden und so sieht auch der Schlendrian bei jedem etwas anders aus. Ich habe Ihnen hier die Vergnügungen zusammengestellt, die meine Seminarteilnehmer am häufigsten genannt haben. Vielleicht finden Sie noch etwas Nettes für sich.

Die kleinen Wonnen zwischendurch

⭐ Eine Tasse Tee und ein Blick ins Grüne.

⭐ Am Sonntag bis Mittag im Bett bleiben und dann den ganzen Tag im Schlafanzug herumlaufen.

⭐ Auf dem Sofa liegen und Luxuspralinen naschen.

⭐ Einen Spaziergang machen und Sitzgelegenheiten mit schönen Aussichten suchen.

⭐ Ein ausgiebiges Wannenbad, dabei Herz-Schmerz-Balladen hören und laut mitsingen.

⭐ Zeichentrickfilme im Fernsehen gucken.

⭐ Räucherstäbchen anzünden, Popmusik der 60er-Jahre auflegen und kräftig abtanzen.

⭐ Alte Liebesbriefe lesen und anschließend einen schreiben.

⭐ Wassermelone oder Kirschen essen und mit den Kernen das Weitspucken üben.

ANSTELLE EINES NACHWORTES

Glauben Sie an Träume? Ich meine die Träume in der Nacht, mit denen man manchmal morgens aufwacht. Bedeuten sie etwas? Oder dienen sie nur der Unterhaltung, damit das Schlafen nicht so langweilig ist? Viele werden schnell wieder vergessen, aber es gibt Träume, die sind eindrucksvoll. So eindrucksvoll, dass man nach dem Aufwachen nicht weiß, ob man das geträumt hat oder ob es tatsächlich passiert ist. Einen solchen Traum möchte ich Ihnen hier erzählen. Wenn Sie ihn lesen, merken Sie vielleicht, dass es auf eine eigenartige Weise nicht nur mein Traum ist.

Er beginnt so: Ich bin auf einem großen Bahnhof und steige in einen modernen Zug ein. Komfortable Ausstattung, breite Sitze und nicht allzu viele Fahrgäste. Ich suche mir im Großraumwagen einen schönen Sitzplatz und verstaue meine Koffer. Der Zug fährt gerade los, da entdecke ich einige seltsame Leute. Sie stehen mit ihrem Gepäck im Gang, obwohl es überall noch genügend Sitzplätze gibt. Aber noch seltsamer ist, dass sie beim Stehen ihr Gepäck tragen.

Sie haben Taschen, Tüten und große Koffer dabei. Alles halten sie fest in ihren Händen, während der Zug fährt.

Ich werde neugierig und frage einen Mann, der mit zwei Koffern direkt neben mir steht: »Wollen Sie Ihre beiden Koffer nicht abstellen und Platz nehmen?« Er schaut zu mir herunter und sagt mit ernster Miene: »O nein, das Herumsitzen ist nichts für mich. Das ist mir zu langweilig. Ich brauche die Herausforde-

rung. Man will ja schließlich etwas erreichen im Leben.« Eine Frau, die neben ihm steht und in jeder Hand zwei große Taschen trägt, nickt mit dem Kopf: »Ja, das geht mir auch so. Ich bin einfach ehrgeizig. Ich will vorankommen und etwas leisten. Und dazu stehe ich auch!« Ich sage zu den beiden: »Aber es wäre doch leichter, wenn Sie Ihr Gepäck einfach abstellen würden.« Der Mann schüttelt den Kopf: »Wer es zu etwas bringen will, der muss sich auch Mühe geben. Mein Vater sagte immer: Ohne Fleiß kein Preis. Sehen Sie, diesen robusten Lederkoffer habe ich von ihm geerbt. Da geht viel rein.« Der Mann zieht den Koffer ein Stück höher. Sein Arm zittert dabei ein wenig. Die Frau mit den großen Taschen sagt: »Das ist alles eine Sache der Motivation. Ich sage mir immer wieder: Du willst es und du schaffst es. Damit bin ich schon weit gekommen. Und wenn ich es dann irgendwann geschafft habe, dann werde ich es mir so richtig gut gehen lassen, mich hinsetzen und die Beine ausstrecken.« Ich wollte gerade sagen, dass sie sich doch gleich hinsetzen könne, da höre ich eine Stimme: »Die Fahrkarten bitte!« Eine Frau in einer himmelblauen Uniform geht durch den Wagen. Ich zeige ihr meine Fahrkarte und als sie sich zu mir herunterbeugt, frage ich sie leise:

»Was ist mit diesen Leuten? Haben die keinen Sitzplatz reserviert?« Die Frau knipst meine Fahrkarte und antwortet: »Jeder kann es sich so bequem machen, wie er will. Diese Fahrgäste möchten lieber stehen und ihr Gepäck tragen.« Dann beugt sie sich noch etwas weiter zu mir und sagt: »Wissen Sie, diese Leute glauben, dass der Zug nur dann fährt, wenn sie ihr Gepäck selbst tragen.« Ich frage erschrocken: »Und stimmt das?« Die Frau in Blau lächelt und flüstert mir zu: »Ich verrate Ihnen jetzt ein Dienstgeheimnis. Es ist egal, ob man seine Last trägt oder loslässt. Das spielt keine Rolle. Jeder Fahrgast kommt an seinem Zielbahnhof an. Und zwar zu seiner Zeit.« Ich wollte gerade noch eine Frage stellen, da unterbricht sie mich, wünscht mir noch einen guten Tag und geht weiter.

Genau an dieser Stelle wachte ich auf. Wie gut, dass es nur ein Traum war. Denn in Wirklichkeit würde sich doch niemand die Mühe machen und in einem fahrenden Zug sein Gepäck tragen. Oder?

Ich wünsche Ihnen eine angenehme Reise. Und machen Sie es sich bequem.

ZUM WEITERLESEN

Weitere Bücher von mir, die Ihnen gefallen könnten

Berckhan, Barbara: *Wahre Stärke muss nicht kämpfen. Überraschend einfache Wege für mehr Souveränität.* Gräfe und Unzer 2015
Berckhan, Barbara: *Das dicke Fell. Wie Sie sich vor Frustfallen und Nervensägen schützen.* Kösel 2014
Berckhan, Barbara: *Wie Sie anderen den Stachel ziehen, ohne sich zu stechen. Mit schwierigen Menschen gut auskommen.* Gräfe und Unzer 2012
Berckhan, Barbara: *Leicht und locker kommunizieren. So finden Sie eine gemeinsame Wellenlänge.* Kösel 2011
Berckhan, Barbara: *Jetzt reicht's mir. Kritik austeilen und einstecken können.* Kösel 2009
Berckhan, Barbara: *Judo mit Worten. Wie Sie gelassen Kontra geben.* Kösel 2008
Berckhan, Barbara: *Sanfte Selbstbehauptung. Die 5 besten Strategien, sich souverän durchzusetzen.* Goldmann 2007

Lesetipps aus meinem Bücherregal

Berger, Warren: *Die Kunst des klugen Fragens.* Berlin Verlag 2014
Csikszentmihalyi, Mihaly: *Flow. Das Geheimnis des Glücks.* Klett-Cotta 2014
Förster, Anja und Krenz, Peter: *Hört auf zu arbeiten! Eine Anstiftung, das zu tun, was wirklich zählt.* Pantheon 2013
Fried, Jason und Heinemeier Hansson, David: *Rework. Business intelligent und einfach.* Riemann 2010
Harding, Douglas: *Das Buch von Leben und Tod.* Context Verlag 1996
Harding, Douglas: *Die Entdeckung der Kopflosigkeit. Einfach sehen, wer ich wirklich bin.* Omega Verlag 2013
Kabat-Zinn, Jon: *Zur Besinnung kommen. Die Weisheit der Sinne und der Sinn der Achtsamkeit in einer aus den Fugen geratenen Welt.* Arbor 2008
Koch, Richard: *Das 80/20 Prinzip. Mehr Erfolg mit weniger Aufwand.* Campus 2015
Langer, Ellen: *Mindfulness. Das Prinzip Achtsamkeit: Die Anti-Burn-out-Strategie.* Verlag Franz Vahlen 2015

Levitt D., Steven und Dubner J., Stephen: *Think like a Freak. Andersdenker erreichen mehr im Leben!* Rieman Verlag 2014

Mester, Pia: *Minimalismus. Weniger besitzen mehr leben.* CreateSpace Independent Publishing Platform 2015

Nash, John: *Genug. Wie Sie der Welt des Überflusses entkommen.* Bastei Lübbe 2010

Seiwert, Lothar J. und Küstenmacher, Tiki: *Wenn du es eilig hast, gehe langsam. Mehr Zeit in einer beschleunigten Welt.* Campus 2012

Webseite der Autorin
www.barbara-berckhan.de

BILDNACHWEIS

Alle Illustrationen in diesem Buch stammen von Martina Frank, München,
mit Ausnahme von S. 37/41/69: Shutterstock/Sharpner, S. 89: Shutterstock/Pavlenko
Alle Fotos: Shutterstock; vordere Klappe: melis,
S. 18/19: Sabphoto, S. 42/43: iravgustin, S. 60/61: mythja, S. 74/75: Elenamiv
Hintergrundmotive: Shutterstock/Elmiral

QUELLENNACHWEIS

Die Zitate in diesem Buch stammen aus folgenden Quellen:
Vordere Klappe: Harding, Douglas: *Das Buch von Leben und Tod.* Context Verlag, 1996
S. 19: Covey, Stephen R. /Merrill, A. Roger/Merrill, Rebecca R.: *Der Weg zum Wesentlichen.*
Der Klassiker des Zeitmanagements. Campus, 2014
S. 43: Timber Hawkeye: *Sit Happens. Buddhismus in allen Lebenslagen.* Knaur, 2014
S. 60: Wilson, Paul: *Das Buch der Ruhe. Gelassenheit am Arbeitsplatz.* Heyne, 1999
S. 74: Astrid Lindgren aus ihren Tagebüchern vom 31.12.1964
S. 87: Kundtz, David: *Stopping. Anhalten zum Durchhalten.* Kreuz, 1998
Leider ist es nicht in allen Fällen gelungen, die Fundstelle ausfindig zu machen. Der Verlag bittet ggfs.
um Nachricht, damit bei einer Nachauflage eine korrekte Quellenangabe erfolgen kann.
Teile dieses Buches in anderer Form sind erschienen unter dem Titel *Schluss mit der Anstrengung!*
Ein Reiseführer in die Mühelosigkeit. Kösel 2002

© 2016 Scorpio Verlag GmbH & Co. KG, München

Umschlaggestaltung und Layout:
Favoritbuero, München
Umschlagmotiv: Martina Frank, München (Figur),
Shutterstock/Huza (Berge)
Satz: Robert Gigler
Projektleitung und Lektorat: Heike Mayer
Druck und Bindung: Print Consult, München
ISBN 978-3-95803-042-8

Liebe Leserin, lieber Leser,
leicht geht's besser: Mit unserer Reihe *Leichter leben*
möchten wir Sie zu einem neuen Lebensgefühl
inspirieren und bei Veränderungsprozessen unterstützen. Alle Inhalte wurden gewissenhaft erstellt
und sorgfältig geprüft, die Übungsanleitungen und
Vorschläge haben sich in der Praxis bewährt.
Danke, dass Sie in eigener Verantwortung prüfen,
inwieweit Sie die Anregungen umsetzen möchten.
Eine Haftung für die Resultate vonseiten der
Autoren bzw. des Verlags und seiner Beauftragten
ist ausgeschlossen.

Mehr über unsere Bücher:
www.scorpio-verlag.de